आर्या

(काव्य संग्रह)

जया कुमारी

Title   :   Arya

Author   :   Jaya Kumari

Edition   :   First (October, 2024)

ISBN   :   9789348332813

Copyright © 2024, All Rights Reserved by Author

Published by

 **PRACHI**
DIGITAL PUBLICATION

Regd. Add.: 254, Khuriyakhatta No. 10, Bindukhatta,
Lalkuan, Nainital - 262402, Uttarakhand, India
Website : www.prachidigital.com
E-mail : info@prachidigital.in
Phone : +91 976041 7980, +91 976041 8103

Printed by :

Manipal Technologies Limited, Bengaluru - 560001, Karnataka

अनुक्रमणिका

अपनी बात

किसी ने सच ही कहा है– भाषा क्या है, भावों का लँगड़ाता सा अनुवाद किंतु मैंने इससे परे जरा सोचा और पाया कि हमारे स्पंदन भी हमारी प्रत्येक अभिव्यक्ति के साथ रहते हैं, उन्हें भी महसूस किया जा सकता है चाहे वह दैनंदिन के संवाद हो या कोई गद्य–पद्य में अभिव्यक्त हुई रचना। मेरे इस नये कविता संग्रह "आर्या" में सम्मिलित रचनाओं में आप उन मौन स्पंदनों को भी महसूस करें और बतायें, यह मेरी अपने पाठकों से दिली गुज़ारिश है ।

मेरी कविताओं में भावों की अभिव्यंजना स्वांतः सुखाय है। मैं आशा करती हूँ आप सुधि पाठकों के हृदयों तक मेरी सहज बातें पहुँच पाएगी, क्योंकि मैं भी आप में से एक हूँ और उन्हीं संवेदनों के तहत हूँ।

मैं अपनी स्वर्गीय मैया (माँ) के प्रति कृतज्ञ हूँ जिनके निरंतर नैतिक समर्थन से मैं अपनी लेखन की अभिरुचि को जी पा रही हूँ।

मेरी इस रचना क्रम में हमारे साहित्यिक ग्रुप 'सृजन' के प्रमुख आदरणीय श्री विनोद सिंधी जी का विशेष योगदान है जो सदैव मेरे पहले पाठक, समालोचक और परामर्शक रहे हैं। यह मेरा अहोभाग्य है ।

मैं अपने प्रकाशक प्राची डिजिटल पब्लिकेशन का भी आभार व्यक्त करती हूँ, जो अपने कर्त्तव्यों के प्रति सदैव निष्ठावान रहते हैं ।

जया कुमारी

(महारानी जानकी कुँअर उच्च

विद्यालय+2चमुआ, रामनगर)

पश्चिम चंपारण

चंद अल्फ़ाज़ सर्दी पर

मशविरा मौसम का :
निकाल लो जी! सारे वूलन्स
बक्से में कब से सिकुड़े पड़े
दे दो ना उन्हें भी छुअन अपनी
भला क्यों रोए, ठंड के दुःखड़े…!

बाजार में चारों ओर रोशन
देखो! स्वेटरों का फैशन
बेचारे कब से हैं उतावले
आ गया सर्दी का मौसम…!

बोल स्वेटर के :
मिलन को दिल–ए–बेकरार
ए जाने तमन्ना, ए जाने बहार
बनूँगी मैं तेरी सुरक्षा कवच,
मेरा आलिंगन करो स्वीकार…!

दे दूँगी उष्णता की सौगात
है मुझमें यह खास बात
गर्मजोशी संग कटेगी ठंडी
जल्द करो मुझसे मुलाकात…!

हूँ मैं समर्पण का प्रतीक
अदाएँ करेंगी, तुझे नज़दीक
तेरे धड़कन संग जुड़कर
इज़हार में पूरे जज़्बात शरीक…!

नारी संवेदनाएँ

नारी संवेदनाएँ
रिमझिम बारिश की तरह
करती है संचार आशा का
सुखद स्वप्न सजाते हुए
देते हुए उर्वर शक्ति
रिश्तो की खेती में…!

गरजता आनंद बसंत
खिल जाते मधुरता के रंगीं फूल
डालती संपूर्ण और सुदृढ़ नजर
इच्छित रस पर करती अधिकार
मंडराती हुई अभिलाषाएँ…!

लेकर नव सृजन की माटी
दर्शाती भाव मूर्तियाँ तराश कर
करते हुए व्यक्त स्व अनुभूतियाँ
कर देते हैं विचलित किंतु
सुकोमल नारी संसार को
पैतरे पुरुष प्रधान समाज के…!

पुन : पहनकर सिर मोर मुकुट
बैठ जाती लौह मानव बनकर
जलाती अखंड दीप
अपनी स्नेह बाती से,
फैल जाता है प्रकाश
अविरल विश्वास का…!

मिल जाते हैं कुछ व्यक्ति ऐसे

देखा है मैंने
हजारों लोगों के बीच
मिल जाते हैं
कुछ व्यक्ति ऐसे
मिलता जिनके साथ
चैन व सुकून
लगता है फिर स्नेह पलने
होने लगती है
आनंद की वर्षा
महक जाता है
रिश्तों का मधुमय बंधन…!

जगती है ऊर्जा
सुसंगति से जिनके
मिलता है नित्य
संजीवनी रस
परखना व सीखना
शामिल जिसमें
स्व विवेक के मधुबन में
शक्ति बनती है मुस्कुराहट
होता है आह्वान
स्वर्णिम समय का…!

सोचती हूँ
मानव कहूँ या देवदूत उनको
बँधाते हैं जो ढाढ़स

संकट की घड़ियों में
समाहित है जिनमें
प्रबल भावना,
ना ही बदलते जो
समय की चाल में
एहसास के ऐसे दर्पण
छोड़ दे निशानी
जो दिलो-दिमाग पर...!

शातिर-नामा

मिलते हैं कुछ लोग
बड़े अदब ओ सलीक़े से
गाते हैं विरुदावली
लम्बी-चौड़ी
आपके गुणों और खूबियों की...!

और फँसा लेते हैं
चतुर, चपल, चालाक, चाटुकार
बुरी तरह अपने जाल में
जीतकर विश्वास आपका...

होता है आकर्षण असीम
इनके झूठे दुशालों में
जिस पर होती है कसीदाकारी
तरह-तरह के पैंतरों की
पिलाते हैं नम्रता की बूटी
घोलकर ज़ुबानी शरबत में...

चल पड़ते हैं
आप साथ उनके
होकर बेफिक्र
दिलो-दिमाग से
निभाते हैं मगर
आप शिद्दत से रिश्ता
प्यार से अपना
फ़र्ज़ समझकर...

मगर?
सेकते हैं वो
रोटी अपनी
देकर हवा
रिश्ते के अलाव को
निबाहते हैं ख़ुदगर्ज़ी
अपनेपन की आड़ में
करते हुए नाटक
जुड़े रहने का...

दिखा देते हैं
झट अंगूठा
पूरा होते ही
मतलब अपना
और देने लगते हैं
नसीहत आपको ही
नेकी कर दरिया में डाल और
तवक़्क़ो नहीं रखने की...

खुलती है जब
आँखें सच्चाई की
होता है पर्दाफ़ाश
काले कारनामों का
गढ़ने लगते हैं बहाने ये
बचाव की ख़ातिर
करने को रुसवा आपको
नहीं हिचकिचाते ये
पैदाइशी शातिर....

हमारे वीर जवान

माँ भारती का मान बढ़ाने
सतत तत्पर हैं वीर सैनिक
लहरायेगा युगों तक तिरंगा
धैर्य और हिम्मत के संग
गुंजायमान जय भारत
जय-जय हिंदुस्तान!

हम भारतीय प्रेम पुजारी
सीखा है हमने भाईचारा
साहस, शौर्य और निडरता से
आज़ादी का बिगुल बजाकर
छूते हैं हम नए शिखर!

अमन और शांति के खातिर
उतर आए खरे कसौटी पर
हमारे बहादुर गुदड़ी के लाल
विश्व शांति का लेकर संदेश
जनमानस में भरते जान...!

मिटाने को हैं संकल्पित
आतंकवाद का नामोनिशान
सीना ताने हमारे वीर जवान
अदम्य साहस का प्रतीक बनकर
हिंद के सच्चे देशभक्त समर्पित
लेकर आन, बान और शान...!

कैसे जलाऊँ मैं दीपक...

मेरे ज़ज़्बात के साँचे पर
पुतले जुल्मो सितम के गढ़ता है
रीत और रस्म के खाके में
रंग झूठी प्रीत के भरता है...

चाहती हूँ
अमृत करना ज़हर को
होती हूँ तैयार भी
करने आनंद सृजन
कर जाता है पर विचलित
रूप धुँधला सा उसका...

हो जाता है मन बोझिल
बढ़ते है फिर भी
कदम थके-हारे
ख्वाहिशें हो जाती है
किंतु धराशायी
होने लगता है भान
अधूरेपन का...

थक गई हूँ
जतन अनगिनत करके
नजर आता है
हर बार वो अजनबी
कब तक करूँ एतबार
झूठी उम्मीद पर

आता है तिरस्कार में
उत्तर प्रयासों का..

किया जो मैंने
प्यार बेइंतहा
अपने इज़हार पर
अफ़सोस आता है
कैसे जलाऊँ मैं दीपक
तेल कटुता का
जहाँ भरा जाता है...

चुभती ख़ामोशियाँ

अजब है ना
जिंदगी का फ़लसफ़ा भी
मिलन के संग
मेल है जुदाई का
कठिन है
यह रिश्ता भी लम्हों का...

देकर भीनी सी ख़ुशबू
दे रही है तफ़सील
बिताये हर पल की
महकती दास्तान जिंदगी की
सजा रही है
जिल्द के हर सफ़हे को...

छाई हुई है
चुभती खामोशियाँ
मगर आबोहवा
खूबसूरत पलों की
सहलाती है चुभन को
हिलोरते हुए हैं दिल ओ ज़ेहन को...

उसके जाने के बाद
जी रही हूँ वो दिन-रात की घड़ियाँ
जो थम से गए थे होकर पलों से भी कम
पाकर छुअन
उसके आग़ोश की...

मेरे साथी के प्रति

प्रीतम!
उदय का अर्थ हो तुम
तुमसे ही है रंग अनूठा
जलती है ज्योत जीवन की
प्रेरित पावन अनुबंध से...

देते हो टेक
सबल कोमल बाहों को
तुम तो हो निर्मल अभिलाषा
कर देते हो प्यार का जादू
अधरों पर मधुर मुस्कान लिए...

भीगते हो
प्रश्नों की वृष्टि से
दिव्य मन तेरा अडिग
जिज्ञासा से होकर उत्साहित
खोल देते हो पिटारा ज्ञान का ...

अनुपम रूप
सदेह अंतर्मन से
नित्य नए लक्ष्य के संग
करते हो कंटक पथ की
आत्मविश्वास से परिक्रमा...

गुलाबी

देव! यह गुलाबी फूल
मोह रहे हैं मेरे मन को
खुशियों का इजहार है
सजाकर ख्वाहिशों को…

झलकती है मासूमियत
फूट रहा प्रेम का अंकुर
कोमलता सौरव संपूर्ण
ममता आकर्षण से जुड़…

लगी भाव चेतना जगने
आशाओं का दिखा पुंज
सरलता की मूर्ति सदृश
अनुराग से शोभित कुंज…

जीवन दर्शन का कलाकार
देता मन की आँखें खोल
जीवन जीना एक कला है
बतलाता बिन बोला बोल…

सारथी बुद्धि सरल डोरी से
जड़ता को करती तिरोहित
निर्मल आनंद ध्येय जीने का
हो अंतर्मन में शांति समाहित…

गुलाबी फूल

बेमिसाल!
ये गुलाबी फूल
प्रकृति का अनुपम उपहार
बन प्रेम का प्रतीक
आकर्षित करते मन मस्तिष्क को...

जीवंत रंगी!
रौनक़ बगीचे की
बिखेरे मंद मुस्कान
जुगल प्रेमी संग जुड़कर
करता प्यार का इज़हार...

प्रेम के प्रतीक!
जीवन की खुशबू
दिखलाइए सपना
उम्मीद की किरण बन
नई राह करे प्रदर्शित...

दिलकश!
बेहद खूबसूरत
भरे दामन में खुशियाँ
कहे चंद खास अल्फ़ाज़
खींचे अनजानों को भी पास...

चूहे

नए घर में शिफ्ट हुई
छोटे-छोटे चूहों से
मुलाकात हुई
इधर-उधर करते
हर सामान को छूते
सहानुभूति के साथ मैं खड़ी
मारुँगी नहीं इसे किसी घड़ी
फायदा उसने खूब उठाया
कुछ दिनों में बड़ा हो आया
परेशानी मेरी पहले से
चौगुनी हो गई
बेचारी मैं अब परेशान हो गई...

मेरे हर सामान को पूरे
होशो हवास के साथ
हाय! लगे कुतरने
समझा जिसे बेचारा
आज बेचारी बना गया
अब अपना दुखड़ा लिए
जहाँ-तहाँ मैं खूब रोई
सिल्क की साड़ी को कुतर डाला
मियाँ के कुर्ते को चिथड़े बना डाला
यह वाक़या मैंने बार-बार सुनाया
कुछ लोग हँसे पर
कुछ ने साथ निभाया
कैसे निजात मिले इससे

मुझे तरक़ीबें भी बताई
मगर कोई काम ना आई ...

पढ़ी थी हेमलिनकृत
बाँसुरी वाले (पाइड पाइपर) की
कहानी बचपन में
सोचा मिल जाये कोई ऐसा
फ़ेसबुक पर पोस्ट लगाया
लोगों ने कमेंट्स में
चूहा मार दवा का विवरण बताया
किसी किसी ने तो
गणेश पूजा का विधान सुझाया
मैं अब ऊब चुकी थी इससे
देखा एक दिन बहुत हैरत से
गैस पाइप तक पर भी
मूषक ने अपने दाँत गड़ाए
बानरी सेना ज्यूँ कूद-फाँद कर
वो खूब मौज उड़ाए
अब मैंने अपनी हिम्मत जुटाई
झट बाजार से चूहेदानी ले आई
फँसाकर उसको मैंने कर दी
उस पर कड़क कारवाई
अब नित रोज चूहे फँसते मेरे
जिसे फेंक आती मैं
पास नदी में सवेरे-सवेरे
फ़िलहाल यह काम
अब मेरे रूटीन में
सिकंदर सी जीत को

महसूस करती मैं
सुकून से जिंदगी
कट रही है अब हमारी
शुक्र है प्रभु का
जाऊँ मैं बलिहारी...

स्लोगन–
चूहे से डरिए नहीं,
शिद्दत से लड़िए
हिम्मत के साथ
उसे पकड़ लिजिए...

पीला गुलाब

पीला गुलाब
मैत्री का प्रतीक बन
करता सफर दोस्ती का
दिलाता एहसास प्यार का
जीने का मजा इसी में
इमारत याराना की
होती बड़ी लाजवाब है…!

प्रिय!
खुशी का रंग
देने को बधाई
शुभकामनाओं के संग
बन परवाह का द्योतक
पीले गुलाब के गुलदस्ते
अभिव्यक्ति का शानदार तरीका है…!

लाजवाब!
भरी बहार
सोच में गुलाब
खिला शाख पर
कुदरत की पेशकश
महकते शायरों के भी अल्फ़ाज़
करिश्मा इसका
समझ के बाहर है…!

क्या खोया, क्या पाया?

देखती हैं ये आँखें
हर दौर संघर्षों का
कर लेती है क़ैद
अनगिनत भावों में संजोकर
दृश्य और दृष्टांत सारे...

बुझते हुए अनगिनत दीप
भीतर दबाए हुए हैं
पीड़ा अपनी को
देखती है द्रवित हुई आँखे
जीवन की झील को ...

देखती हैं वे मन के आगे
मिटते हुए सपनों को
टूटता है भ्रम आँखों का
देखकर उपक्रम छद्म प्रीत के...

उभरता हुआ दर्द
हरे जख़्मों का
पीड़ाता है हर पल
और तिमिर सूनी आँखों का
छा जाता है
राग-द्वेष के अंधकूप में
दुःख, चिंता और संशय लिए...

कमी एहसासों की लिए
बहा लेती हूँ
चंद आँसू भी कभी
सोचती रहती हूँ अक्सर
क्या खोया, क्या पाया?

क्यों उठता है तूफ़ाँ?

पल-पल झड़ते हुए पल
लगते हैं मेरी हँसी उड़ाने
शक्ति होने लगती है क्षीण
देखकर
बहुत कुछ होते हुए ओझल
आँखों से
लगता है चुभ रही है धड़कन
गहन कोहरे का साया
जैसे लगता है गहरी काली छाया ....

गुमराह हो जाती है
हँसी होठों की
टूट रहा है सबकुछ आधा-आधा
हौसलों की रीढ़
हो गई है टेढ़ी-मेढ़ी
लंबी-लंबी अनजानी राहों में
भटके जा रही है
जिंदगी और मैं....!

देव!
आशा किरण को समेटे हूँ
कब से आँचल में
फिर क्यों हो जाती है
मेरी साँसें व्याकुल?
क्यों उठता है तूफाँ रह-रहकर
मेरे तन-मन के प्रांगण में?

मेरे अज़ीज़ दिसंबर...

विदा हो रहे हो दिसंबर?
छोड़कर सपनों के नन्हे बीज
होंगे वे अंकुरित
हो जाएँगे सूक्ष्म से वृहत्तर
बन सके ताकि
सुधा कलश का उपहार
ठंडी हवाओं का स्पर्श
करें उनकी
सुषुप्तावस्था का अवसान
और देखे वे
अपना पूर्ण पल्लवन!

दिसंबर!
तुम्हारे पैनी नोक पर
कब से थी उसकी तलाश
बहाना मिल गया तुमको
अधूरा ख्वाब छोड़
दिया जिम्मा नव वर्ष को
बिन बोले कर रहे हो इजहार
भाव पल्लू में
बज रही है स्तुति की झंकार
नव वर्ष का हो रहा आगमन!

दिसंबर!
तुम्हारी खामोशियाँ भी
अल्फाज़ों के बगैर

हाले दिल बयां कर रही है
बड़ा शातिर है यह
तुम्हारा भी इश्क़
फैली महक तुम्हारी
मेरे मधुबन में
डूबकर गहराइयों में
महसूस रहे हो तुम
लिए खड़े हो
देने को अनुपम उपहार
करने आगंतुकों का सत्कार...!

अदभुत दिसंबर!
सजाकर अपने आशियाने में
उमड़ पड़ा जज़्बातों का शैलाब
और
कर रही है मेरी कलम
आलिंगन तुम्हारा
बस चाहूँगी इतना ही
मेरे अज़ीज़ दिसंबर!
तुम फिर आना
तब तक के लिए....विदा!

कोरे कागज पर बसा संसार

भाव और भावनाएँ दोनों हुए तैयार
अनगिनत शब्दों की लगी भरमार
अभिव्यक्ति को उजागर करने हेतु
कोरे कागज पर बसाया स्व संसार...

अनवरत चिंतन–मनन कर रहा कवि
कलम संगी ने पहना मुस्कानी नक़ाब
सटीक बातों से सबको आश्वस्त कर
गांधारी की आँखों को किया बेनक़ाब...

यथार्थ लिख रहा सकारात्मक संग
करने समसामयिक विषय का निष्पादन
सचेतन–स्पष्ट–स्वीकार प्रवृति से
तिरोहित होगी बेवजह का उलझन...

फलित होगी समय संग नवल आशाएँ
होगा जिम्मेदारियों के संग मूल्यांकन
गरिमामय व्यवहार, उसूलों का पक्का
अक़्लमंदी और होशमंदी संग आकलन...

अपनी जमीं तलाशती हुई चलती लेखनी
दौर में शामिल सारे खोए बिखरे गुब्बारे
स्पंदनो की भाषा का माहिर है वो
पुलकन के संग है, वह पंख पसारें...

अलविदा दिसंबर!

अलविदा दिसंबर!
एहसास की पोटली समेटे
अनुभव के पायदानों को
तय करते हुए
इच्छाओं की डोरी लेकर
लगाकर मोहब्बत की रोली
सुनाते हुए झंकार अपनी...

प्रेम की गहराई में
तैरती हुई खुशबू के संग
अपना महकता
किरदार लेकर
आगे बढ़ जाओ...!!

खुलते और बंद होते
दिल के पट
अनेकों बेरंग
सवालों का सैलाब
आया था जो मेरे ज़ेहन में
तसव्वुर बनकर
मिल गया बेचैन खयालों को
सुकून का पैग़ाम
बदलाव और नयापन लिए...

यही है मकसद मेरी ज़िंदगी का
दिखा दिया है तूने

तमन्नाओं का हसीं मैदान
जाओ दिसंबर
अलविदा..अलविदा!
मगर फिर से मिलने को...

पुनः करो नई शुरुआत

उठो स्त्री!
चमकाओ चेहरे का नूर
फैलाओ सार्थकता की चादर
सजा दो उस पर आबे तमन्ना
खोलो खिड़कियाँ, खोलो द्वार!

पुन : करो एक नई शुरुआत
संतुलन का लिए एक सूत्र
मानवता की भरो महक
ताकि हो सके
सार्थकता जीवन की!

भुला डालो
विगत के जाल–जंजाल को
तेरा भाव हो खुली उड़ान सा
मत छोड़ो
अपने हिस्से की उम्मीद…!

शाश्वत सौंदर्य की
सजा लो बिंदी
दृढ़ता से आसन लगा
लिखो तहरीर जीवन की
खूबसूरत, खुशगवार…!

सामंजस्य

तोड़ दो
भटकन की लाठी को
ख़ुद में ख़ुद ओ ख़ुदा को ढूँढ़ो
सबकुछ मिल जाएगा
अपने ही मन दर्पण में ...!

संगी!
होकर तुम
उल्लासित तीर
त्वरित गति से खींचकर
कर दो पीर को छूमंतर ...!

सुनो!
बढ़ाओ क्षमता
तुम अबोध कचनार
मत बनो
कारण बदहाली और दुर्दशा का ...!

चाहे लिखो नाम हवा में
छिटकाओ भीगी खुशबू
चेतन प्रांगण में
वांछित है जीवन में
सामंजस्य साज और आवाज का ...!

दिसंबर : फिर ही तुम जाना

सुनो दिसंबर!
जाने से पहले
एक आवाज़ लगा जाना
फैला देना
हर्ष-विनोद की लहर...!

जोड़ देना
रंगीन ख़यालात
कर देना मेरा गठबंधन
नए साल के साथ
हो जाए ताकि
ताज़ा ख्वाहिशों की फुहार...!

स्पर्श करते हुए
अनुभव के स्तंभ को
हो जाना निकट है
आत्मिक रूप से
सजाकर जगमग
जिंदगी का आशियाना...!

आशीर्वाद की कुंजी दे देना
खुशियों के आँचल में
जल जाएँ जब
प्रेम और विश्वास के दीये
फिर ही तुम जाना...!

स्त्री : देखा है मैंने

देखा है मैंने
होते हुए यूँ अक्सर
बहते हुए धाराओं संग करती
संभावनाओं का सफर
चाहत के उदगार लिए
खोलते हुए खिड़की मन की…स्त्री!

सिखाती हुई दस्तूर जीवन का
ढाई आखर का मौन सा प्यार भी
बजता जिसके पावन हृदय का शंखनाद
सरल, सहज और स्वयं में पूर्ण
होती स्वभावत: गतिशील
भावनाओं की प्रकाश किरण है…स्त्री!

लावण्य व सौंदर्य से परिपूर्ण
अपरिभाषित प्रेम उसका
सार्थकता की रखती हुई नींव
हो सके तैयार ताकि
वर्तमान की सजीली महफिल
करती हुई प्रस्फुटित
जीवंत मंजरियाँ…स्त्री!

कविता

खेलती है कविता
शब्दों और भावों के संग
उकेर देती है धूल पर भी
संभावना की तस्वीर
करती है चिंतन को तरोताज़ा
कराती है सुकून की बारिश भी…!

बिछड़े हुए तिनकों को उठाकर
संजो देती है यादों की उजरी कतार
कच्चे–सच्चे अरमानों को
देती है सुनहरे सपनों में गूथ
लेती है पहचान
मौन की आवाज को भी…!

बेचैन आँखों का
पढ़ जाती है काजल
दिल पर पड़े फफोले को
सहलाती है नर्म छुअन बनकर
लगाती है महावर आशा की
लगाती है समर्पण की बिंदी भी…!

हार गई वह....!

फिर से
व्यथित है वह आज
टूट गए हैं हौसले उसके
हो गया है तहस–नहस आज
क़ाफ़िला उमंगों का…!

दिन–रात
करती थी तैयार स्वयं को
ख़ुशियों के आग़ोश की ख़ातिर
थी वह संकल्पित
बसाने को उपवन सुगंधित…!

टकराती रही वह
हर अनचाहे अवरोधों से
लड़ती रही वह
आफत की चट्टानों से
किंतु हार गई वह अंततः
होकर निराश और हताश…!

पसरी हुई है
महक व्याकुलता की
चारों तरफ़ उसके
गहराया सा सूनापन है आज
उसके अंग–उपंग में…!

बहुत प्रबल है मानव

कालचक्र के
तीव्र प्रवाह संग लड़ जाता
बिसराते हुए विलाप वेदना
संकल्प प्रण लिए बढ़ते जाता
तर्क–वितर्क के जाल काटकर
अंगीकार करता जीवन–सत्व को
बहुत प्रबल है मानव !
यह जान लो ...यह मान लो!

मुताबिक़ उम्मीद के
फल ना मिलता
फिर भी नामुमकिन को
मुमकिन करते रहता
आशाओं–प्रत्याशाओं को
बसाकर आँखों में
सुंदर भविष्य का
चिंतन करता...!

राही बनकर
झूमता चलता
उलझनों से दीदार करता
जानता है वह
कर्म पथ सजा नहीं फूलों से
है वह अडिग निशि–दिन
समय आँच पर खरा उतरने को ...!

अमूल्य जीवन क्यारी में
दृढ़ स्वावलंबन को पनपाता
समेटने अनगिनत निशानियाँ
रहता उताहुल
पतझड़ में बसंत लाने को
रिश्तो की अम्लान पूंजी सँभाले
महल को घर बनाता…!

मैं और तू

करती रही मैं
स्मृतियों का संयोजन
और तू समेटता रहा
अपने भीतर संवेदना...!

जुड़कर भी जुड़ी नहीं मैं
कोमल स्पन्दनों से भी
और तू दुआओं में
मुलाकात की माँग करता रहा...!

ओढ़ी रही मैं
लबादा संस्कारों का
और तू अपेक्षा के संग
बरबस ही बँधता रहा...!

मैं लिपटी रही
चाहतों के संग
उल्फ़त की बिजलियों से
और तू ख़ुद से ही लड़ता रहा...!

मैं बस स्पर्शती रही
मन वीणा के तारों को
और तू मजबूत
इरादों के संग जीता रहा...!

समझोगे कब

क्या रटते ही रह जाओगे
गौतम बुद्ध के विचार?
उन्हें जमीन ना दोगे
ताकि फलीभूत हो सके
ध्यान का स्वभाव...

जुड़ोगे नहीं प्रकृति से
तो कैसे पाओगे
आनंद अतिरेक और शांति
चाहिए नहीं क्या
समग्र जीवन?

क्या तुम नहीं चाहोगे
स्वयं पर विजय पाना?
क्या तिरोहित नहीं करोगे
लोभ, घृणा, व्यभिचार को?

उतारोगे नहीं
अपने भीतर उनके चरित्र को
समझोगे कब
जीवन के उद्देश्य को?

गौतम बुद्ध

गौतम बुद्ध!
तेजस्विता से भरपूर
एक आध्यात्मिक तपस्वी
ऊर्जावान युवक
बोधि वृक्ष के तले
मिला ज्ञान जिसे
सुजाता की खीर भेंट से
'बोधगया' था वह स्थान...

गौतम बुद्ध!
फिर किया
धर्म स्वरूप का चिंतन
निकल पड़ा धर्म देशना हेतु
बौद्ध सिद्धांत के भीतर
समाहित आत्मज्ञान
मन और चरित्र के
विकास का प्रशस्त मार्ग....

गौतम बुद्ध!
जिसने कहा लोगों से
अपनाना मध्यम मार्ग
देना स्वजागरूकता का अवलंब
सदाचरण का पाठ
लक्ष्य प्रबुद्ध बनना
उन्मूलन अज्ञानता का
सटीक जानकारी और चिंतन

देता बौद्ध धर्म का अध्ययन...
गौतम बुद्ध!
सर्वविदित
गृह त्यागी युवावस्था में
दिए संदेश
जनमानस के बीच
एक अलौकिक शक्ति 'प्रेम'
जिससे जीता जा सकता
संसार की हर बात को
होकर
स्पष्टता और सुबोधता का स्वामी...

गौतम बुद्ध!
जिसने की निंदा
यज्ञ और पशु बलि की
करें शुरुआत
अगर जीवन की
बुद्ध विचारों के साथ
फैलेगा बोध का प्रकाश
अहिंसा और करुणा का भाव लिए...

तोहफ़ा

दे रही है रोशनी उम्मीद की
जलती हुई शम्मा
जुड़ने लगी है मुसलसल
रंगीन ख़यालात से
देते हुए सलाम सफ़हों को
अपनी मंद साँसों की छुअन से...

जिंदगी की कशमकश में
उलझे हुए एहसासों के
घुले हैं रंग
कई भावों के संग
लेकर के सूरत हफ़ों की
उतर रहे हैं चुपचाप वे
मेरे ज़ेहन में...

अहमरी होठों पर मुस्कान
बिछ गई है मुलाकात के लिए
ख़्वाहिशों की फुहार लिए गुलाब
ज्यूँ बिन माँगे दे रहे हैं ख़ुशी
जैसे को कोई ख़ास तोहफ़ा
किसी ख़ूबसूरत दिलबर का...

बरकत

मद्धम रोशनी में
अक्सर देखती हूँ तुम्हें
खंगालते हुए किताबों को
पलटते हुए उनके पन्नों को
जैसे तुम हो कोई मुसाफ़िर
और कर रहे हो सफ़र
सफहों की राह पर …!

बटोरते हुए
अनुभव और अनुभूतियों को
समझ जाते हो
सहजता और स्पष्टता के साथ
मेरे रंग और जीने के ढंग भी
जैसे मैं भी हूँ किताब कोई …!

कभी ला देते हो
मुस्कान मेरे उदास चेहरे पर
और कभी भीग जाती है हथेलियाँ
आँसू पोंछकर
ना जाने कैसे महसूस कर लेते हो
असली खुशी और गहराई को …!

हो जाती है बरकत
मेरी उम्मीद के खजाने में
महसूसती हूँ एहसासे तहफ़्फ़ुज़*
लगता है जैसे

मिट गई है मायूसी सारी
और हुई है ठंडी जलन दिल की…!

रहते हो तैयार
तमाम जिंदगी की
सच्चाई को समेटने
बता देते हो
जीने की जीवंत कला…!

मायने-
*तहफ़्फ़ुज़-सुरक्षा

जाग उठी है मुद्दतों से सोयी चाहत

मिली जो गर्म रोशनी शम्मा की
इठलाने इतराने लगी
झूमकर ख़ुशियों के आलम में
किताबों की अँगनाई में उतरा जो है
ख़ुशबू के संग प्रेम गुलाब...!

नदीम का उपहार अनुपम
फूट आयी है कोपलें ताज़ी
फिर से जाग उठी है
मुद्दतों से सोयी चाहत
तैरने लगे हैं
आँखों में फिर से
वो गुलाबी एहसास...!

आने लगा है ख़्वाबो में
मेरी उम्मीदों का शहजादा
ताउम्र था मेरे तसव्वुर में
बयाँ करती थी जिसको
मन ही मन जज़्बात अपने...!

फैली है महक मेरे मधुबन में
सुंदर, सुखद, सुकोमल
नयन पंखुड़ी को मिला है सुकून
नगमें उसी से गूँजते हैं मेरे
हुआ है फिर से आग़ाज़ ख़ुशियों का...!

शिक्षक जागो

हे लापरवाह शिक्षक!
तूने इस परम अवसर को
बना डाला है साधन आजीविका का
कितनी उम्मीदें हैं विद्यार्थियों की तुमसे
तुम तो वो मूर्तिकार हो
जो बनाएगा एक सुंदर मूरत
इस कच्ची माटी से...

हाज़िरी रजिस्टर में
करके दस्तख़त छुप क्यों जाते हो एक
आदतन चोर की तरह,
तुम्हारी जगह नहीं है स्टाफ रूम में
तुम्हारा समय नहीं है
मोबाइल पर रील देखते रहने के लिए
लगातार फ़िज़ूल बतियाते रहने के लिए...

देखता है तुम्हारी हर हरकत को
तुम्हारा आत्मा और परमात्मा
सफलता का सोपान चढ़ाने वाले
तुम ही तो हो ज्ञानकुंज का आधार
बच्चों का हो सर्वांगिक विकास
खड़ा करना है
तुम्हें ही आदर्शों का भवन
क्यों भूलते हो?
भोगना होता है हरेक को
फल अपने कर्मों का...

जय श्री राम

काया-माया के खेल बीच
जपो राम सुबह और शाम
जिनके स्मरण मात्र से
हो संपन्न मंगल काम...

प्रेम और भक्ति के प्रतीक
मर्यादा पुरुषोत्तम राम
शिशु रूप में है जिनका
'रामलला' शुभ नाम...

हो रही है आने की तैयारी
सजी अयोध्या जन्म स्थान
शब्द श्रृंखला में अवर्णित
उत्साह-उमंग की तान...

रामचरितमानस मनभावन
मिले जिसमें राम के काम
अभिवादन सम्मान में
हम कहते हैं राम-राम...

राम सभी के प्रिय हैं
चाहे ख़ास या आम
तन-मन स्पंदित हो जाए
जब गूँजे 'जय श्री राम'...

किताब खुल गई

गुज़रा तू राह से, के जिंदगी गुजर गई
स्नेह की धारा, मेरे नयनों से बह गई...

फासलों व फैसलों की, रार ठन गई
समेटकर बिखरे सपने, मैं लौट गई...

यादों की किताब में, भावनाएँ बह गई
बीती हुई घड़ियाँ, बदरी बन उमड़ गई...

बगिया संभावनाओं की, ज्यों उजड़ गई
बोझिल पलकें, गुफ्तगू अपनी कह गई...

बातें अपनों की, खंजर सी चुभ गई
गहरे दर्द की, बेतहाशा बारिश हो गई...

आलम को स्याह देख के, क्षुब्ध हो गई
चुभते काँटों की, एक किताब खुल गई...

रुत सर्दी की

चारों तरफ ठंड ही ठंड
सर्दी का बज रहा मृदंग
कोहरे ने लगाया मजमा
प्राणी उब व बेचैनी संग…

चुभती ठंडी तीरों जैसी
हाल यह ऐसा कर देती
आलसपन की संगी बन
जीने देती ना मरने देती…

उंगलियों में ले आती सूजन
सर्दियों में रोगों का चलन
होने लगते हैं बड़े बदलाव
कफ, कोल्ड और डिप्रेशन…

हीरे–मोती सदृश लगती
जब ओस घास पर सजती
उठता रोज एक ही ख़्याल
सनसनाती हवा उधम मचाती…

अकड़ने लगते हैं शरीर
कांपती आवाज बोलती
भाता ना रोजमर्रा का काम
कप–कप करके सर्दी बजती…

चाय और प्यार

ज़श्न के जड़े थे मोती
महफिल में अरमानों का
बज रहा था सितार
बिछाया था सपनों ने रंगीं जाल
अधरों पर सजी थी मुस्कान
दो जिन्दगानियाँ हो रही थी एक
कर रही थी चाय जिसकी शुरुआत...!

मनमोहक था वह एहसास
समा गई यूँ उसकी महक दिल में
रिश्ते सारे हो रहे थे मुतासिर
अनगिनत आशाओं का
दिख रहा था गुच्छा
बढ़ रहा था मस्त मतवाला
खूबसूरत चाय का प्याला...!

बेचैन था कोई बसाने को संसार
बज रही थी मधुर रागनी
परेशान ख़यालों को
मिला था पैगामे सुकून
मोहब्बत की लगी थी रोली
निगाहें देख रही थी चुपके से
नाज़नीन के चेहरे को
चाय सी ताज़गी के एहसास...

पत्ता गोभी

सलाद या सब्जी के रूप में
खाया जाता है पत्ता गोभी को
विटामिन, मिनरल से भरपूर
संतुलित रखती है यह वजन को...

परोसते हैं तीखी चटनी साथ
पत्ता गोभी से भरे मोमोज
बनते इसके कुरकुरे पकोड़े
बच्चे, युवा मन में भरता ओज...

देखा गया यह अनूठा मिलन
सेहत और स्वाद का संगम
अपने पत्ते में छुपाए कई राज
ब्लड प्रेशर को भी करती है कम...

इसका अहम रौल चाइनीज में
गज़ब फिलिंग है सैंडविच में
थाइरॉइड में इसके लिए मनाही
किंतु बड़ी उपयोगी है कैंसर में...

आगमन बसंत का

मस्ती के आलम में
इश्क़ का परवान लिए
मौज बढ़ गई भौंरे की
आहा! धूप गुनगुनी
खिले-खिले, रंग-बिरंगे फूलों संग
हुआ है आगमन, बसंत का...

रूमानियत से भरपूर
शायरों का अन्दाज़ शायराना
सुनाए धड़कने दिलों की
बदलता मिजाज़ मौसम का
साथ बदलाव के
बिछ गई है, ज़मीं पर रंगीं चादर...

हरी-भरी बालियाँ गेहूँ की
समूहों में चहचहाते पंछी
है यह खास महीना
बनाता है माहौल, जश्न का
हो उठता है संचार, नई ऊर्जा का
प्रकृति की विविध छटाओं में...

झूम-झूम के आया बसंत

पसरी चहुँओर सुगंध
पतझड़ का हुआ अंत
प्रकृति का नव सृजन
झूम-झूम के आया बसंत…!

उमंग छाया अंतरंग
खिल उठा दिग-दिगंत
गाओ मेरे संग-संग
झूम-झूम के आया बसंत…!

छाया खेतों में पीत रंग
रंगीनी फैल गई अनंत
स्वप्न सलोने हुए मलंग
झूम-झूम के आया बसंत…!

छिड़ा जो यह प्रेम-प्रसंग
चाहतें हो उठी ज्वलंत
मन ढूँढ रहे हैं चरम आनंद
झूम-झूम के आया बसंत…!

बहे बयार साहित्य उपवन
प्रेम-विरह संग आकुल कंत
सौंदर्य चेतन्य का प्रस्फुटन
झूम-झूम के आया बसंत…!

पीचनामा

पौष्टिक तत्त्वों से भरपूर
गूदा इसका नरम होता है
सेब सदृश्य दिखने वाला
यह तो आड़ू कहलाता है...

वानस्पतिक नाम प्रूनस पर्सिका
कुल इसका रोज़ेशी होता है
अंग्रेजी में कहलाता पीच
फल स्वाद में मधुर होता है...

शोध से मिले संकेतों में
उदगम चीन बताया जाता है
विटामिन 'ए' व 'सी' का
उत्कृष्ट स्रोत माना जाता है...

गोल या अंडाकार आकार में
लाल, पीला रंग इनके दिखते हैं
जैम, जेली, चटनी में भी पीच
किरदार अपना निभाते हैं...

स्किन को बनाए हेल्दी
रोजाना सेवन लाभदाई होता है
सुपरस्टार फल यह गर्मियों का
उत्तम स्वास्थ्य की गारंटी देता है...

आज की स्त्री

संघर्षों के बीच स्त्री!
तैयार करती सौंदर्य का आश्चर्यलोक
आँखों में बाँधकर सपने
अलमस्त मुस्कान लिए
खिलती कोमल गुलाब सी!

संभावनाओं के गुलशन में
रहती रंग और सुगंध लेकर
जीवन के हर मोड़ पर
त्याग, समर्पण, प्रेम बदौलत
बहती रहती अविरल नदी सी!

जोश भरा लिबास पहनकर
बुलंदियाँ छूने को बढ़ती
तोड़कर प्रतिबंध दीवारों को
निकल पड़ी आज़ाद सफ़र में
आज की स्त्री निडर, निर्भीक सी!

बढ़ चले कदम विकास पथ पर
सीख गई लड़ना अपने अस्तित्व हेतु
नारी शक्ति की अपनी पहचान
मिलेगा हर रूप में, नारी को सम्मान
आहट दे रही है स्वर्णिम आभा सी!

माँ की सीख

अथाह प्रकाश का हिस्सा बनकर
इंद्रधनुषी रंगों में चमकती रहना
रौशन रहे, तेरे जीवन की ज्योति
यही है माँ का, सदा ही कहना...

अनुभव व अनुभूतियों को बटोरते
सजगता व स्पष्टता के सोपान चढ़ना
उदय-अस्त के संग-संग बिटिया
सत्यम-शिवम-सुंदरम से पहचान करना...

लाग-लपेट से दूर रहना
सटीक सवालों से करना सामना
घर और प्रेम को बाँधकर लाडो
सभी रिक्त कोषों को भरती भरना...

जीना अपना विश्वासपात्र स्वभाव
छल और धूर्तता से सतत दूर रहना
शिक्षित लोग भी ओढ़े मुखौटे
तू सावधान व सतर्कतापूर्वक रहना...

करते रहना अवलोकन, अंतर्मन का
बीच संघर्षों के, अरमान संजोए रखना
जीवन एक रहस्य, गुड़िया मेरी!
तू सबल सँचारक होकर रहना...

आज ये नीचे गिरे सूखे पत्ते

निरंतर निभाते हुए भूमिका
झेला था कभी बड़े-बड़े तूफ़ानों को
किया था सामना मुसीबतों का होकर निर्भीक
न जाने क्यों काँप रहे?
आज ये नीचे गिरे सूखे पत्ते!

अरसे से शाख पर आधार बनाए हुए
करते थे वे मधुर संवाद
विपुल प्यार था वह प्रकृति का
बनाएँ हैं कितने प्रेम के पहाड़
आज ये नीचे गिरे सूखे पत्ते!

देर ना लगी वक्त को गुजरते हुए
हो गए कब तब्दील खंडहर में?
मज़लूम काट रहे हैं
बचा-खुचा जीवन
आज ये नीचे गिरे सूखे पत्ते!

लावारिस लाश की तरह
पड़े हुए सड़क पर
जैसे
अपने ही साये में तड़पते हैं
आज ये नीचे गिरे सूखे पत्ते!

तुरपाई रिश्तों की...

मतभेदों के बाजार में
कैसे समेटा जाए रिश्तों को
स्वार्थ भरे व्यवहार का असर
बिखरते जाते हैं लोग
बढ़ जाती है दिलों की दूरियाँ
तिरोहित हो जाता अपनापन...

विलुप्त हुई है सहनशक्ति
अपनाई जा रही हिंसक प्रवृत्ति
सिमट गई स्नेह की खुशबू
हो रहा समापन भाईचारे का
दिखावे में सब मदमस्त
नदारद हुये अटूट बंधन...

नहीं पड़ती अब
विश्वास व सहानुभूति की नींव
नहीं मिलता स्वाद परस्परता का
इस भाग दौड़ वाले जीवन में
समझौते की भीड़ से ही
दिखते हैं ज्यादातर रिश्ते...

झूठ और चालाकी के बल पर
हुनर दिखाते मतलबी लोग
धोखा होता हर कदम पर
फिर दरार को भरने हम
चेहरे का बोझ उठाए हुए निभाते
कच्ची हो जाती तुरपाई रिश्तों की...

आभास तुम्हारी उपस्थिति का

देखी जब सुनहरी किरण
सुलभ मुस्कान के संग
टकराती है मेरी खिड़की से
हरकर सारा अँधेरा
कराती है आभास
तुम्हारी उपस्थिति का
पवित्र, पावन, निश्चल सा...

चाहत की हवाओं संग
कमरे में बसी खुशबू
देती है यादों के स्पन्दन को
संदेश भावों का
कराती है एहसास
तुम्हारी उपस्थिति का
सहलाती हुई कोमलता सा...

उड़ने को आतुर मन
बीते हुए लम्हों के संग
लगता हैं उतरने आँखों में
फैलकर मेरे इर्द-गिर्द
दिलाता है विश्वास
तुम्हारी उपस्थिति का
रंग-बिरंगी गुदगुदी सा...

जोड़-घटाव, गुणा-भाग

जिंदगी विचित्र है!
कितनी जंजीरें हैं इसमें
चिन्हित कर पाना मुश्किल
बढ़ा देती है, आँखों की बेचैनी
बेखौफ भटकती हुई निराशा
और फैल जाता है
निजी जिंदगी में घनघोर अँधेरा....

सचमुच!
अप्रत्याशित हताशा संग
ढह जाते हैं पहाड़, प्रेम के
बहने लगती है नदियाँ, चिंताओं की
साफ–साफ नहीं दिखता, वक्त भी
लगता है आएगी बारात, सियारों की
मुश्किल होता है समझना, रात को ...

ओह!
सामने घटित हो रहा है
असंख्य अंकों के बीच
जमावड़ा जोड़-घटाव, गुणा-भाग का
फिर चढ़ना है दुर्गम पहाड़ पर
स्मृतियों का सफेद रंग लिए
कठिन अभ्यास से हुआ है अर्जन जिसका ...

फागुन

फिर आ गया फागुन
महकने लगे हैं मालपुए
दिखने लगे हैं बहुरंगी चेहरे
अधरों पर अमंद मुस्कान लिए...

सजी है टेसूओं की टोली
उमंग-उत्साह की तान मिले
सरसों ने ओढ़ी पीली चादर
कोमल, सुगंध भरे गुलाब खिले...

होने लगी है फुहार संगीत की
भीगने लगा है तन-मन
छाई है खुशहाली चहुँओर
हुआ प्रफुल्लित धरा पर जीवन...

अंतर्मन में भावों की शहनाई
उतरने लगे विश्वास के जरिए
आशाओं की लगी महावर
सजीले सपने सयाने हुए...

प्रेम और ममता का रिश्ता
खड़े हैं ईश की परछाई लिए
देखी प्रीत कुसुम बसंत की
फाग की झूमती बहार लिए...

नायाब क़िस्से

पड़ी जब प्रेम की बूँद
बज उठे सभी तार, एहसासों के
उठने लगी, मीठी भीनी सी सुगंध
कोमल हिय धरा स्थल से...

समय संग होती गई
मजबूत और गहरी
संवेदनाओं की राह
होने लगी प्रसारित, मेरे होने से...

होने लगी भोर, उजास लिए
भरोसे का हर एहसास, इबादत बना
कल-कल बहने लगी उम्मीदें
दिखने लगा हर पल, एक मंजर नया...

रिश्तों की आत्मीयता से
अनूठे अनुबंध से बंधा मन
तर्क-वितर्क से प्रतिवादरहित
कट रहा सहजता से, जिंदगी का सफर...

जरूरत नहीं अब
शब्दों के राजमार्ग की
आजाद सड़कों पर
दिल धड़कते
अपने ये नायाब क़िस्से...

स्व पहचान

हर व्यक्ति की स्व पहचान
कोई खास तो कोई आम
जीवन संग्राम में निखरकर
पीता रहता हौसलों का जाम...

किसी के सिर्फ चेहरे चमकीले
करता है कोई मेहनत से काम
अनोखी शक्ति के बदौलत
स्वतः ही पा जाता सम्मान...

कहीं मतलबी लोगों की कहानी
चलाकी धोखेबाज के बजते गान
किसी में भरी कूट-कूट मानवता
लगता धरा पर उतरे हों भगवान...

हार जाता कोई परिस्थितियों से
दिखता घोर उदासी का बियाबान
कोई खुद ही जुगनू बन जाता
अँधियारों का कर देता अवसान...

अपने-अपने जीवन पाठशाला में
मिला सबको अनुभव का प्रमाण
कितना सही, कितना है गलत?
परिस्थितियों से बढ़ता जाता ज्ञान....

मुझे जाना ही होगा

मन से या बेमन
देव! मुझे जाना ही होगा
हो चुका है
समय मेरे प्रस्थान का
एक निश्चित अवधि थी
यहाँ तक रुकने की...

सहज नहीं है मेरे लिए भी
यह बिछुड़ना
छलक उठती है गंगा, मेरे नैनों से...

याद आएगी बहुत
वह ईख की सरसराहट
वृक्षों से टपकती ओस
डाँट के ढेरों पर लेटे
वो चहकते-महकते बच्चों का
कलरव सा कोलाहल
खिल जाना उनका धूप सा
विद्यालय प्रांगण में...

पढ़ाया हमने जिन्हें प्यार करना
सिखाया जिन्हें समग्र जीना
याद आएँगी
उन बच्चों की स्नेहिल मुद्राएँ
घूमती रहेगी स्मृतियों में
उनके बीच लगती होड़

रुलाएँगी उनकी
शैतानियाँ और आनाकानी भी
बिना उनके
लगेगा कितना बेस्वाद सबकुछ…

पैदा क्यों ना हो फिर से
मेरा एक नया रिश्ता
समेटकर हर एक लम्हे को
ढूँढेंगे उन्हें खुद अपने अंदर
हाजिरी भरते हुए, चाय पीते हुए,
गप्पें लड़ाते हुए
महसूसेंगे जीवन की ताजगी को
नए और गहरे तरीके से बढ़ना है हमें
फाग गाता मास फागुन
देता है चलने की प्रेरणा
संघर्ष, सुख-दुःख और प्रेम के सफर में…!

फिर कैसे हो रिश्तों में गहरा जुड़ाव...

आज के भौतिकवादी युग में
बढ़ती महँगाई, समय की कमी, बढ़ते शौक
उलझनों और दिक्कतों के बीच
नजरिए का आपस में विरोधाभास
रिश्तो की गर्मजोशी हो गई कम
होशियारी व हाज़िरजवाबी गुणों में
हुई अनवरत बढ़ोतरी
भावनाओं का महत्व होने लगा कम
उठ रहा भरोसा
खत्म हो रही विश्वसनीयता, जबकि
सदैव से ही रहा है रिश्तों का
विश्वास ही मजबूत आधार...

आपसी खटपट और अनबन के कारण
क्षरण हुआ है मानवता का
बढ़ गई है कड़वाहट
संवादहीनता की स्थिति
बन गई है चुप्पी एक हथियार
भावनात्मक व मानसिक जुड़ाव का अभाव
कुछ अनदेखे और अनसुने पहलू
अहमियत है पैसों की
'मैं ही सही हूँ' ने बिछाया जाल
बुराई करने में हुआ इज़ाफा
नकारात्मक माहौल है जगमग
फिर कैसे हो रिश्तों में गहरा जुड़ाव?

हुनर स्त्रियों का

आता है स्त्रियों को
हुनर अल्फ़ाज़ों की पहचान का
रहती है जगी वे गहरी नींद में भी
जानती है फ़र्क़ अपने और अनजान का...

पता है स्त्रियों को
पावन प्रेम के हजार किस्से
बाँटते रहती है नींद और सपने
चाहे लाख आए कोड़े उसके हिस्से...

भाता है स्त्रियों को
अस्तित्व का सौंदर्य
माँगती रहती है दुआओं में
प्रियवर का सुख, यश और ऐश्वर्य...

जोड़ता है स्त्रियों को
समर्पण और संतोष का भाव
रखती है विश्वास में आस्था
आराधना स्त्री का सुलभ स्वभाव...

सताती है स्त्रियों को
कुंठित विचारों की खेती
फिर वह जाती है टूट
जो थी खिलखिलाहट बिखेरती...

लड्डू महिमा

लड्डू!
गोल-मटोल
मिठास और सौंदर्य से भरा
मन लुभावन लोकभावन मिठाई
शुभ कारज का महत्वपूर्ण हिस्सा
कहे किसना को भी लड्डू गोपाल ...

लड्डू के कई प्रकार
छोटे और बड़े आकार
बूंदी के लड्डू, बेसन के लड्डू
गोन्द के लड्डू तो नारियल के लड्डू
पंचगुनी लड्डू तो चूरमे के लड्डू
अब तो बनते हैं नट्स और चॉकलेट के लड्डू
गोल-गोल लड्डू तो नोक वाले लड्डू...

माखनलाल चतुर्वेदी ने
गढ़ी बाल कविता
लड्डू लो दो आने के चार
मुहावरे प्रचलित
मुँह में लड्डू फूटना और
ये दिल्ली के लड्डू
खाये सो पछताए
ना खाए सो भी पछताए...

रिद्धि-सिद्धि के दाता को
लगाया जाता भोग, मोदक का

प्रसिद्धि पाई मोतीचूर के लड्डू ने
भारत में इसका इतिहास
धार्मिक और संस्कृति से जुड़ा हुआ...

प्रेम-स्नेह का इज़हार भी
लड्डू से जुड़ा
माँ संतान से कहे लड्डू सा
प्रेमी प्रेमिका कहे
तुम्हारा सुंदर मुख
चौदहवीं के चाँद सा
और चाँद है बिल्कुल लड्डू सा...

अदृश्य दर्पण

बैठ गई थी वह
दर्पण के सामने
निहारने अपनी सुंदरता को
दिखे उसे
दाग-धब्बे व झुर्रियों के जलवे
ओह! यह रूप
कुरूपता का जीवंत परिचायक!

सँभाली नहीं गई थी
उथल-पुथल मन की
सलीके से रंगा-पोता था चेहरे को
छुपाकर ख़ुद से ही हकीकत को
चली गई थी फिर से
प्रतिबिंब के दर्शन करने
दिखा था उसे
बदलाव मुखमण्डल में
थोड़ी मुस्कुराई भी थी
फिर न जाने क्यों
किंतु लगने लगा था उसे
सबकुछ तुच्छ सा...

करने लगी थी चिंतन
दर्पण को पढ़ना आसान नहीं
सहज नहीं होता
यथार्थ को पहचान लेना
तनिक देर के लिए

वाह्य स्थितियों को भलें ही
लीप-पोत कर प्रस्तुत कर दें
महत्त्वपूर्ण होता है
दृष्टिकोण और अपेक्षाओं के
अदृश्य दर्पण में झाँकना
और सच को स्वीकारना…

समर्पण की पराकाष्ठा

समर्पण की पराकाष्ठा
देव! प्रेम का मूल मंत्र
स्वार्थ भावना से रहित
जलती हृदय की ज्योति
आहा! कराता जो
संपूर्णता व आनंद का अनुभव....

संबंधों की घनिष्टता
देव! प्रेम सबसे बड़ी शक्ति
स्वयं की चेतना
औपचारिकता से मुक्त
परमात्मा का स्वरूप
प्रकृति के हर अंश में व्याप्त...

समाये भीतर गहरा अर्थ
देव! प्रेम भावपूर्ण कंपन
ध्यान की छाया
नैसर्गिक परम पावन
इहलोक में जीने का सबब
और मोक्ष प्राप्ति का भी मार्ग...

गाजर

विटामिन, फाइबर से भरपूर
शंक्वाकार गाजर स्वरूप
होवे हर रूप में फायदेमंद
खाओ चाहे सलाद या सब्जी रूप..

जाड़े के दिनों में अब अक्सर
धूम मचावे गाजर का हलवा
प्रतिरक्षा तंत्र की मजबूती लिए
आँखों पर दिखाए अपना जलवा..

4 अप्रैल को मनाया जाता
है अंतरराष्ट्रीय गाजर दिवस
उद्देश्य सेवन के प्रति जागरूकता
किंतु रहते लोग इसके प्रति नीरस...

2003 ईसवी से ही हुई शुरुआत
बहुमुखी प्रतिभा को मिला सम्मान
वानस्पतिक नाम डौकास करोटा
कई रंगों से है इसकी पहचान....

जन-जन में करिए प्रचार-प्रसार
बंधु! ठंडी तासीर इसका व्यवहार
रोजाना सेवन हो आपके आहार में
तनिक करिए इस पर भी विचार...

बुजुर्ग : धरोहर हमारी

पढ़ा है कई दफा
बुजुर्ग हमारे धरोहर हैं!
उनसे ही हमारे संस्कार और गौरव
करना है हमें उनका सम्मान....

न जाने कब, क्यों और कैसे
बोझ लगने लग जाते हैं बुजुर्ग
अपने युवापन के अहंकार में
देने लगते हैं हम उन्हें
मशविरा तहज़ीब का....

क्यों भूल जाते हैं उस वट वृक्ष को
जिनकी छाँव में हमने की धमाचौकड़ी
बिताये थे अपनी निर्बलता के दिन....

माँगी थी जिन्होंने फैला के आँचल
दुआ हमारी खैरियत की
दिया था सहारा हमें लड़खड़ाहट में
और पहुँचाया था हमें
शोहरत के मुकाम तक....

फिर क्यों तजुर्बों के भंडार की
खातिरदारी करने में हम करते हैं आनाकानी
क्यों छीन लेते हैं हम उनके जुनून को
उनकी ख्वाहिशों और ताकत को....

काव्य प्रवाह

अभिव्यक्तियों के पटल पर
स्मृतियों को छूते हुए
अपनी हथेली की सुगंध से
छूता, पकड़ता, काव्य प्रवाह!

भावों का नाज़ुक नृत्य
झुर्रियों को भुलाकर
उम्र की क्रांति धूल संग
विवेचना कर रहा, काव्य प्रवाह!

काल को सूंघते हुए
तनाव और विश्राम के बीच
आश पाखी को सजाए
खूबसूरती को दर्शाता, काव्य प्रवाह!

आकलन और मूल्यांकन संग
बहता असाधारण प्रभाव
संघर्ष पथ पर चलकर करता
बिम्बित आलोचना को, काव्य प्रवाह!

जीवन की मधुर कल्पना
उड़ती हुई साम्राज्ञी तितलियाँ
वर्तमान घटनाओं के परिदृश्य को
टिप्पणी करता लिखकर, काव्य प्रवाह!

स्त्री : विविध रूप

स्त्री कभी पत्थर की मूरत
कभी उसने तलवार उठाई है
कई रूपों में है वह समाहित
परिवर्तन की अलख जगाई है...

सृजन का दायित्व उठाए
हर रीत और नीत निभाई है
बुलंद हौसलों के संग-संग
पताका प्रगति की लहराई है...

नवभारत के निर्माण में उसने
अपनी अहम भूमिका निभाई है
नारी, पुरुष की पूरक सत्ता
हर क्षेत्र में स्व पहचान बनाई है...

अदभुत दैवीय शक्ति से परिपूर्ण
श्रद्धा-विश्वास की ज्योत जगाई है
बहते आँसुओं को कर दरकिनार
मंद मुस्कुराहट की धार बहाई है...

अनादि काल से ही प्रेरणा स्रोत बन
प्रेम और ममता की लौ जलाई है
उत्साह व प्रतिबद्धता के साथ
वह ऐतिहासिक रचना रचाई है...

आलू बुखारा

गुठलीदार
आलू बुखारा
रसदार गूदावाला
खट्टा-मीठा फल!

शीघ्र पचने वाला
'पित्त-कफ नाशक'
नाम दिया गया
चरक संहिता में...

प्लम!
गेंद सदृश
विटामिन से भरपूर
सेहत व सौंदर्य का खजाना...

वानस्पतिक नाम
प्रूनस डोमेस्टिका
इस्तेमाल होते इसके
फल, पत्ते और बीज...

चीन से जुड़े
आलू बुखारे के तार
माना जाता वहाँ इसे
सौभाग्य का प्रतीक!

कविता यात्रा

अनवरत लिखती रही कविता
लोगों के अनगिनत भावों को
पिरोती रही अपनी माला में
स्फूर्ति, उत्साह और शौर्य को...

उभरती कभी भीम शक्ति बनकर
दिलाने न्याय फिर से द्रौपदी को
करती रही सतत मनन–चिंतन
पुरुष, प्रकृति और परमेश्वर को...

दे रही अदभुत सी रूपरेखा
समाज की घटी घटनाओं को
निष्पक्ष भाव से वह उकेरती
बदलते समय संग, व्यवहार को...

अनुभव की एक स्तंभ बनकर
गठित करती संवाद–भाषा को
विपुल आशाओं संग लेती संज्ञान
भेजती क्रियाशीलता के पैगाम को...

प्रेरणादायक सफलता रूपी रंगों से
भरती आत्मविश्वास की पिचकारी को
जोड़ने लगती निरंतर रंगीं ख़यालात
महकाने लगती शानदार जिंदगी को...

अंगूर

इंद्रधनुषी सदृश वे सजे खड़े
रसीले अंगूर अलग-अलग रंगों में
बेमिसाल फायदे हैं इनके, फिर
क्यों न करें इस्तेमाल इन्हें जीवन में...

माइग्रेन की समस्या बढ़ रही है
आजकल भागदौड़ की जिंदगी में
निभाते ये अपना अहम किरदार
आपके स्वास्थ्य का समर्थन करने में...

है नहीं कोई इस फल का मुकाबला
फाइबर, विटामिन, मिनरल इसके तन में
भरपूर पाया जाता इसमें आयरन, जो
मदद करता एनीमिया को दूर करने में...

घरों में होते सबसे अधिक इस्तेमाल
रखा जाता इसे सूखे मेवे की श्रेणी में
सूखे अंगूर हैं किशमिश या मुनक्का
देते दोगुने फायदे, ये भिगोकर खाने में...

लोमड़ी और अंगूर की कहानी
सुनी है हम सबने बचपन में
सुना होगा आपने – 'अंगूर तो खट्टे हैं '
खूब फलित हुआ है ये मुहावरे में...

अंगूर को रईसों का खाद्य बताते
बिना बीज के अंगूर भी हैं होते
अंगूर की बेटी पुकारते, मय को
लंगूर के हाथ अंगूर, तंज में कहते...

अवकाश

रोज गुजरती है जिंदगी और
सवार हो जाती हैं जिम्मेदारियाँ
शोर मचाते हैं नींद और सपने
महकने लगती है चारों ओर
जाने –समझे फ़र्ज़ की खुशबू....

अक्सर देखती है चहल–पहल
वह अपेक्षाओं के विज्ञापन में
उड़ती रहती हैं रंगीन अफवाहें
जुड़ जाती हैं बेकार, बेचैन कड़ियाँ
विदा हो जाता है माहौल उत्साह का...

अजीब उजाड़ सा बिलख रहा
दिखावटी विलाप का सिलसिला
आँखों में दु:ख की बारीक रेखाएँ
सर झुकाए खड़ा खोया–खोया कोई
प्रदूषण की तरह फैले जा रही व्याधि...

लताओं की तरह चढ़ता जाता है
समकालीन भय और अफसोस
उलझन भरे स्याह बिस्तर पर
बहने लगता है कोई यादों की नदी में
तलाशता है किनारा अवकाश का...

दर्पण

देव!
देखो ले आई मैं दर्पण
करोगे क्या
प्रेम, दृष्टि, सृष्टि के दर्शन?
समझ पाओगे तभी
जीवन है जड़-चेतन
नाना गुणों का मिश्रण....

नास्तिक-आस्तिक,
ऊँच-नीच
हानि-लाभ,
यश-अपयश
हर्ष-विषाद,
जन्म-मृत्यु
धूपछाँव की आँखमिचोली संग
करता रूप-रंग सबका वर्णन....

एक अनंत आनंद का उदगम
सत्य-असत्य का दिखता बिंब
छलकता है मन, , , , बुद्धि का सागर
परिलक्षित भी कर देता
अहंकार की दुर्गम अवस्था....

सुनो!
सुनना दिव्य चाप अंतर्मन की
मत होना काम, लोभ, मद के वशीभूत

स्वविवेक की मूल श्रद्धा से
करते रहना जयद्रथ वध
उठाते रहना उँगली पर गोवर्धन....

सब्ज़ी वाला

अच्छा लगता है मुझे
सब्ज़ी वाले से मोल–भाव करना
देता है अत्यंत सुखद एहसास
मुफ्त में धनिया व मिर्च ले लेना...

आवाज लगाता मूली, गाजर
बैंगन, लौकी, खीरा लीजिए
ताजा है देखिए इसे उठाकर
जल्दी लीजिए, देर मत कीजिए...

फिर ऐसी सब्ज़ी नहीं मिलेगी
गला फाड़ करता खूब विज्ञापन
खाकर देखिए मेरा मीठा करेला
इसी से चलता मेरा जीवनयापन...

कहता अनुचित लाभ नहीं उठाता
बातों से मन को खूब बहलाता
उचित दाम का हूँ मैं सौदागर
दिल का अमीर यह इंसान होता...

ले जाओ सेहत का खज़ाना खाना
मुरझाई सब्जियों को ताज़ा करने वाला
सब्जी सँवार लेता, पानी के छींटों से
ऐसा ही है अपना, चतुर सब्जी वाला...

सम्राट अशोक

मौर्य राजवंश के महान सम्राट
जिनके जनयिता थे बिंदुसार
प्रसिद्ध चक्रवर्ती सम्राट अशोक!
बौद्ध धर्म का किया प्रचार–प्रसार…

हृदय विदारक थे युद्ध परिणाम
कलिंग युद्ध से हुआ अंतर्ज्ञान
नरसंहार को देख हुए बेचैन
जब बेकसूर हुए थे लहूलुहान…

कला व चित्रकलाओं का संरक्षक
थे सत्य, अहिंसा, प्रेम के पुजारी
शाकाहारी उनकी जीवन प्रणाली
सम्राट अशोक महान परोपकारी…

किया निर्माण अशोक चक्र का
प्रभुत्व उनका दिखता विराट
मजबूत, शक्तिशाली, महत्वाकांक्षी
आहा! महान भारत भूमि के सम्राट…

आम

चटक सुनहरा रूप लिए
दमक रहे पके-पके आम
पीला-पीला बड़ा रसीला
मीठी-मीठी महक दे पैगाम...

बचपन से ही सुनते आ रहे
कहते फलों का राजा आम
मुहावरे में भी खूब फलित
आम के आम, गुठली के भी दाम...

आम के पत्ते करते बालों की
समस्या का बेहतरीन समाधान
विटामिन, खनिजों से भरपूर
बनाए यह आपको ऊर्जावान....

बांग्लादेश का राष्ट्रीय पेड़
समृद्धि का प्रतीक बना है आम
उपयोग आयुर्वेद में भी खूब
मैग्नीफेरा इंडिका वैज्ञानिक नाम...

कालिदास ने गीतों में रचा सजा आम
मिली मधु-दूत नाम से भी पहचान
'बसंत का सार' कहलाता है आम
संस्कृत भाषा ने दिया जिसे आम्र नाम...

मिला दे मन-मीत ऐसा

राम!
मिला दे मन-मीत ऐसा
कि अंतर तमस छँट जाए
जीवन ज्योति जल जाए
पीर हृदय की मिट जाए...

राम!
मिला दे मन-मीत ऐसा
कि अधर गीत चले
उम्र खुशियों की बढ़ जाए
जिंदगी दुल्हन बन जाए...

राम!
मिला दे मन-मीत ऐसा
कि श्रद्धा सुमन खिल जायें
अमर सुंदरता बिखर जायें
अनबूझ पहेली सहज बन जाए...

राम!
मिला दे मन-मीत ऐसा
कि संयम और सहजता सीख जाऊँ
उत्साह और धीरज जगा पाऊँ
बुझे हुए चिराग जला पाऊँ...

राम!
मिला दे मन-मीत ऐसा

जो कर्मगति में हो सहभागी
हो जाये तिरोहित अंधकूप
और प्रेम सुधा बरस जाए...

नव ऊर्जा का संचार

अंदर का कोई एकांत कोना
निहारता है उस डायरी को
सदियों पहले लिखा गया जिसमें
मनोवृति के प्रतिक्षण बदलते
भिन्न-भिन्न, नए-नए स्वरूपों को ...

हृदय के भीतर बदल रहा है नक़्शा
बौनी सी लगने लगी हैं सभी छायाएँ
मुख पर आई बेवक़्त रेखाएँ लगती है छँटने
महसूस होता है, स्वयं को जान लेना ही
अपनी सुरक्षा का है सर्वोत्तम साधन...

अपच हो गई है मुझे खबरों से
बदल रहा है जीभ का स्वाद भी
किए जा रही हूँ कोशिश और समझने की
लंबी नाराज बाँहों की ताकत को
किस तरह मढ़ना है... गढ़ना है...

खुल रहे हैं धीरे-धीरे कान भी मेरे
कोलाहल की ध्वनि अब नहीं हो रही हावी
विलुप्त हो रहे हैं शनैः-शनैः बाधाई कारक
घटित हो रहा चिंतन, मनन व सृजन कार्य
संचार अंतरंग और बहिरंग में नव ऊर्जा का...

हो रहा है बोध मुझको अपने सत्व का
घुल रहे हैं मेरे अस्तित्व के रंग

डूब रही हूँ मैं भीतर ख़ुद के
मेरे तल में कोई दबाव-तनाव नहीं
मेरी इस अवस्था में शांति है...!!!!!

परिहास उर्फ़ ह्यूमर

सुन रहे हो न परिहास!
तुम तो हो ज़रिया जीने का
ज़िंदगी के हर पहलू को
यथावत समझने व सीखने का
तुम तो हो जीवन्त जीवन के
एक उम्दा उदाहरण…

आओ खेलें लुकाछिपी
खोजें एक दूजे के अंतरंग को
मनोविज्ञान हो तुम तो खुशी के
ललचाते हो खट्टी इमली की तरह
खूब भाते हो मन को
मृदुल उमंग हो तुम, हिय की…

तुम्हारा अजीब सा सिर
हँसी में तुम्हारे चमकते अंग्रेजी दाँत
लगा देते हैं मरहम मेरे कसैले दुःख पर
चाहती हूँ भागूँ-दौड़ूँ तुम्हारे पीछे
तुम जो हो मेरी दिली जरूरत…

पीला ना पड़ जाना कभी तुम
वरना घुटन भरे जहरीले धुएँ
हो जाएँगे संग मेरे
कर देंगे सुस्त व मंद मुझे
ले आना तुम चमकदार बंदूक
सकारात्मकता की और
दाग देना हताशा-निराशा पर…

शकुनि

दुष्टकृत्यों में माहिर
राजा सुबल का आत्मज
कुटिल नीतियों का महारथी
महाभारत का बहुचर्चित पात्र
गांधार का सम्राट …राजा शकुनि!

अजीब लेख विधाता का
हुआ रिश्ता लाडली बहन गांधारी का
नेत्रहीन भूप धृतराष्ट्र से
अयोग्य करार एक ही क्षण में
अत्यंत दुःखी 'मामा श्री' कौरवों के…

षड्यंत्र का पर्याय
बदला लेने के खातिर
हस्तिनापुर में जीता सबका विश्वास
भांजो के प्रति था पूर्ण समर्पण
बनाया दुर्योधन ने मंत्री अपना शकुनि को…

चौसर क्रीड़ा में पारंगत
प्रसिद्ध पासा शकुनि का
सफल हो जाता अपनी चाल में
फँस गया युधिष्ठिर कपट जाल में
यही कारण लगी द्रौपदी दाव पर….

मर्यादाओं को उधेड़
था एकमात्र अडिग उद्देश्य

बन जाये सम्राट दुर्योधन
अपने लक्ष्य प्राप्ति हेतु
किए कई उपाय नितांत अनुचित...

मालिन्य से भरा कुटिल मन
करवाए लाक्षागृह, घुतक्रीडा
प्रतिशोध की आग में जलते
अंत में खुद ही प्राणों से हाथ धो बैठे
हुआ महाभारत का समर विनाशकारी...

मैं कुसुम

कभी नाचती, कभी इठलाती
आशाओं के सागर में लहराती
दृढ़ता व विश्वास के बल पर
नित्य पर्वत को मैदान बनाती...

होठों पर मुस्कान लिए
आई नई ऊर्जा के साथ
असंभव निश्चित होगा संभव
रचे उसने दोनों कोमल हाथ...

जिम्मेदारियाँ और कर्तव्य
दोनों की अच्छी सी परख
सैकड़ों सवालों ने सिखाया
मत घबराना कभी ऐ मूरख...

कुछ का उत्तर मिलता
कुछ अनुत्तरित ही रहते
'सब कुछ ठीक हो जाएगा'
इसी संकल्प के संग चलते...

उपदेशक बन ज्ञान बाँटती
कहती दुःख-सुख जीवन कुटुम्ब
मैंने पूछ लिया नाम उसका
वह हँसकर बोली...मैं 'कुसुम'!

उठो स्त्री!

उठो स्त्री! करो तुम श्रृंगार
आत्मविश्वास की बाँधो चोटी
लगा लो आशा की महावर
काल के प्रवाह पर हिम्मत संग
अपनी छाप छोड़ते हुए बढ़ जाना…

मत रोना कभी, अपनी दीनता पर
वसुंधरा पर सबसे सुंदर सृजन हो
भगा देती हो राग–द्वेष, भय को
जन्म–जन्मांतर से बँधी हो भावों से
भाग्यवान! तुम ही तो अपराजिता…

रटे तूने कितने कठिन पहाड़े
पढ़ी हो तुम भारी गणित भी
समझ गई मानना है x (एक्स) को
पर नहीं करती जोड़–घटाव कभी
देखती हो परिवार को समर्पण भाव से…

पलकों के चिलमन में सुनयन तेरे
चम–चम चमकता हीरे–पन्ने सा वेश
संभाल लेती हो लहराती ज़ुल्फों को
देखी तूने उल्फत की गिरती बिजलियाँ
टकराई घमंड की काली घटाओं से भी…

बंद डायरी

बंद डायरी के सफ़ों के बीच
जमी हुई बर्फ के एहसास
लिखी हैं जिन पर रंगीन कलम ने
ना जाने कितनी राज की बातें…

खुलते ही यह हो जाएगी
खुली आसमान सी और
उड़ेल देगी सारे जज़्बात
जो छिपे हैं शब्दों के भंडार में….

लटका होगा कुछ ताले जैसा
और होगी जिसके भीतर
बरसों से जमे आँसुओं के
विकलांग आलाप-प्रलाप…

बीते हुए वर्षों का इंद्रधनुष
भरा हुआ गहरी इच्छाओं से
जुड़े पिछले दिनों के पन्ने में
नकली मुस्कान अभिवादन की…

जरा देखना संभल के
किसी कोने में पड़ी होगी
शिकायतों की गठरी भी
पहने हुए वेदनाओं का हार…

वीर कुंवर सिंह

स्वाभिमानी साहबज़ादा सिंह के घर जन्म लिए
बहादुर, साहसी व उदारता का चमकता गहना
देशभक्ति और प्रेम के महानायक बने कुंवर सिंह
राजा भोज का वंशज था, उनका उज्जयनी राजपूत राजघराना...

कुशल योद्धा, सामाजिक कार्य में निपुण, परोपकारी
सन् सत्तावन की सशस्त्र क्रांति के दौरान, महत्वपूर्ण भूमिका निभाई
हे वीर! नित्य करती हूँ मैं तुम्हारी चरण-वंदन
कतरा-कतरा किया कुर्बान, एक बूँद ना बचाई...

जाने जाते बाबू साहब और तेगवा बहादुर के नाम से भी
लड़ी अंतिम लड़ाई 23 अप्रैल 1858 ईसवी में
यह दिन विजयोत्सव के रूप में मनाया जाता
हराए उन्होंने ईस्ट इंडिया कंपनी को, इस लड़ाई में...

बच्चा-बच्चा जनता है, यह सुयश अमर गाथा
अस्सी के उम्र में भी, अंग्रेज़ों को चटाई धूल
वीर कुँवर शहीद हुए, हिंद की हिफ़ाज़त में
ऐसे अमर बलिदानी पर हम चढ़ाते, श्रद्धा फूल...

डगलस ने बरसाई थी गोलियाँ, कुंवर सिंह जी की नाव पर
घायल कलाई से हो ना जाये संक्रमण
कर दिया था अर्पित माँ गंगा को
हाथ को तलवार से काटकर...

भारत सरकार ने किया था जारी
डाक टिकट महान योद्धा की स्मृति में
देख सकते हैं हम उनकी छवि भी
वीर कुंवर सिंह सेतु और उनकी मूर्ति में...

भोजपुरी गीतों में गाया जाता है
वीर कुंवर सिंह का यशोगान
रानी झाँसी कविता में भी लिखती है
गौरव गाथा सुभद्रा कुमारी चौहान...

कच

देवगुरु बृहस्पति के पुत्र कच
हुआ जब देवासुर संग्राम
यमपुरी पहुँचे असंख्य असुर
तत्क्षण आए असुरों के गुरु शुक्राचार्य
और किया सबको पुनर्जीवित
मृत संजीवनी विद्या द्वारा....

यह देख बृहस्पति ने भेजा
अपने आत्मज को
सीखने वह विद्या
परंतु वहाँ शुक्राचार्य की कन्या
देवयानी को
हो गया प्रेम कच से...

यह खबर फैलते
असुरों ने कई बार
बध करना चाहा कच का और
हर बार आगे बढ़कर
देवयानी ने बचाया उसे
अंत में देवयानी ने रखा प्रस्ताव विवाह का
जिसे अस्वीकृत कर दिया कच ने...

दुःखी देवयानी ने दिया श्राप कच को
सीखी विद्या तुम्हारे काम ना आएगी
कच ने भी दिया श्राप तब
कोई भी ऋषिपुत्र

ना करेगा तुम्हारा पाणिग्रहण
यही है श्राप से जुड़ी पौराणिक कथाओं में
कच-देवयानी का प्रेम प्रसंग...

सचेतनता का अभ्यास

उठो! लड़ना होगा धुएँ से
जलाना होगा बदबूदार कचरे को
भस्म कर दो
ईर्ष्या, क्रोध और नफरत को
देखना होगा रचनात्मक तर्क
जुटाना होगा साहस
अस्तित्व ऐसे काम नहीं करता
बदलनी होगी दृष्टि
करनी होगी खुशबू लाने की कोशिश
समझना होगा आध्यात्मिक तौर पर भी...

क्यों घबराते हो?
कब तक रखोगे भ्रम में
जीवन की उलझनों को
पथ चाहे जितना दुर्गम हो,
तुम्हें अपनाना है जागरूकता अभियान
दृढ़ता और विश्वास के बल पर
प्रयास हो सावधानीपूर्वक
शरीर और मन को जोड़ने का
नकारात्मक विचारों को दो चुनौती
सतत करो सचेतनता का अभ्यास...

कविता

व्यथा का स्वर
शब्दों का लहर
दर्द का एहसास
है कविता का घर…

मन की चंचल माया
विचारों की छाया
भावनाओं का स्पंदन
कविता में पाया…

झोपड़ी के दरवाजे
समय मुकुट साजे
प्रश्नों की गहराई में
नेह कविता खोजे…

कवियों की पिपासा
पुष्प की आशा
अनुभव ही भगाए
कविता की निराशा…

आनंदित दीप्त भाल
मंथर-मंथर चाल
छवि का आकर्षण
कविता मन का हाल…

अनकहे को कह दे
सब कुछ को सह ले
ध्वनि जिसके मौन में
आँसुओं में बह ले...

वाटर एप्पल / रोज़ ऐपल उर्फ़ सफ़ेद जामुन

कहते मुझको वॉटर एप्पल
या फिर कह लो पानी का सेब
विटामिन सी से भरपूर मैं
सेहत से कभी ना करता फ़रेब….

जिस दिन मुझको समझोगे
तुम नतमस्तक हो जाओगे
अपने हृदय स्थल पर बंधु!
तुम हँसता मुझको पाओगे…

केरल, बंगाल राज्यों में
अधिकांशत : मैं पाया जाता
बीमारियों से करता बचाव
कई रंगों व नामों से जाना जाता …

स्वाद में होता हल्का मीठा
फल कम, औषधि ज्यादा
सूजन-रोधी गुण मुझमें
पहुँचाऊँगा तुमको फायदा…

फाइबर से भरपूर मैं
कब्ज से दिलाऊँ निज़ात
हाइड्रेट रखूँ मैं देह को
है मुझमें कुछ खास बात…

ला देता मानव त्वचा में
निखार और कसाव
बढ़ाता आँखों की रोशनी
'सफेद जामुन' मैं लाजवाब...

मजबूत करता हड्डियों को
वजन घटाने वाला हूँ जादूगर
पोटेशियम मात्रा अच्छी खासी
हाई ब्लड प्रेशर को करता छूमंतर...

अनोखा फल हूँ मैं प्रकृति का
तू तन के तारों को झंकृत कर
मधुमेह विरोधी गुण मुझमें
सहर्ष तू मुझे स्वीकार कर...

नब्बे प्रतिशत जल निर्मित मैं
गर्मियों में हूँ उत्कृष्ट विकल्प
गुलाबी सुगंध समाहित मुझमें
सेवन करने का लो दृढ़ संकल्प...

क्या खोज रहे हो बीते कल में
तुम्हारी उलझन का मैं हूँ हल
बदल डालो अपनी जीवन शैली
स्वर्णिम बनाओ आने वाला कल...

माँ तुमने...

माँ! तुमने ही सिखलाया
नित रोज आशा में बहना
हो पथ चाहे कितना भी दुर्गम
सदा मुस्कुराते हुए चलना...

माँ! तुमने ही समझाया
जहर जीभ पर मत रखना
ईर्ष्या, घृणा, कपट, क्रूरता
कभी ना इनके पाले पड़ना...

माँ! तुमने ही बतलाया
मानवता का मान तुम रखना
अपनी निर्मल सेवा देकर के
खुद में खुद का बिंब देखना...

माँ! तुमने ही दिखलाया
ज्ञान–अज्ञान, धन व निर्धनता
बढ़कर अरमान और अभियान संग
देखी भौतिक जग की भी सुंदरता...

लीची

आहा! ये लीची रसीली
ग्रीष्म ऋतु का प्यारा फल
पहुँचाए तन को ठंढक
पाया जाता भरपूर जल...

प्रसिद्ध पाई है खूब बिहार में
मुजफ्फरपुर की शाही लीची
प्रेम बरसाए आम से खास तक
सहज कोमलता सबको खींची...

बढ़ाए रोग प्रतिरोधक क्षमता
कार्बोहाइड्रेट, प्रोटीन, फाइबर धनी
दे यह शरीर को तुरंत ताकत
पत्तियाँ, दो से चार जोड़ों से बनी...

मुसीबत का सबब बन सकता
खाली पेट कच्ची लीची खाना
पेट दर्द, अतिसार, वमन
हो सकता है जी मिचलाना...

खराब लीची खाने से हो सकता,
है लाल चकते का आना
सावधानी और संयमपूर्वक
आप सब लीची को खाना...

लोकाट

लोकाट!
फल भी और औषध भी
स्वाद में खट्टा-मीठा
स्वादिष्ट और स्वास्थ्यवर्धक
गुदेदार, अंडाकार व आड़ू सदृश...

लोकाट!
रोजेसी कुल का पौधा
हिंदी में लुकाट या लोकाट
संस्कृत में लोट्टाक,
नेपाली में माया
है यह कई नामों से प्रचलित...

लोकाट!
बहुत उपयोगी
विभिन्न रोगों में यह
परेशानियों से दिलाता निजात
हैं अनेक उपयोग और फायदे...

लोकाट!
नाक से खून बहना या
सर्दी, जुकाम, दम फूलना
इसके काढ़े हैं अति फायदेमंद
बनते जो फूल, फल और पत्तियों से...

लोकाट!
एंटी डायबिटिक गुण
दे हड्डियों को मजबूती
वजन को करे नियंत्रित
दूर भगाए अपच की समस्या…

सफलता

पाना सफलता
हर एक की इच्छा
और इसकी पृष्ठभूमि में हो
जोश और दृढ़ निश्चय
बन जाती नींव
सफलता के महल की...

मायने हैं
सबके लिए अलग-अलग
किसी को आर्थिक
किसी को स्वास्थ्य की
किसी को मानसिक
किसी को आध्यात्मिक
सफलता की आकांक्षा...

प्रेरणा श्रोत
लक्ष्य पर ध्यान केंद्रित
समय का सदुपयोग
ईमानदारीपूर्वक मेहनत
अत्यावश्यक कारक
हैं सफलता के...

पाकर इसे मिलती खुशी और संतुष्टि
बनती इसकी सीढ़ी
संघर्ष से चुनौतियों तक
है यही सफलता की कहानी...

ऊर्जा आग्रह मुक्त ताज़गी की

देव!
थक जाती हूँ खुद से ही
कभी-कभी तो
देखती हूँ जब-जब
भले-बुरे अर्जित अनुभवों को
सजे हुए देखने, सुनने व समझने के
भिन्न-भिन्न स्तरों पर,
हाँ! बहुत सारे
विरोधाभास और असंगतियाँ भी
होती है मौजूद,
झकझोर देते हैं
ये सब मुझे…

जानती हूँ
समस्याएँ होती है अस्थायी
फिर भी फँस जाती हूँ
मानकर उन्हें स्थायी,
लगाते रहती हूँ चक्कर
कोल्हू के बैल की तरह
करती हूँ सजग प्रयास
थम कर देखूँ चीजों को
आँखों पर बँधी पट्टी को उतार फेंककर,
मुझे बढ़ना है आगे
जो भी व्यर्थ है, उसे छोड़कर…
कर लूँ
सजगता और स्पष्टता हासिल

हो जाऊँ
लबालब आत्मविश्वास से,
चाहती हूँ
जो कुछ भी है अधूरी तस्वीरें
मिल जाए उन्हें आकार पूरा,
ना पड़े उन पर
वक्त का बोझिल पहिया,
ना हो जिंदगी भयावह
इसलिए समाती रहती हूँ स्वयं में
ऊर्जा आग्रह मुक्त ताज़गी की…

इतराती कविताएँ

रोज गुजरते दिन के साथ
नाचती शब्दों की अदाएँ
संजोकर सारी स्मृतियों को
इर्द-गिर्द इतराती कविताएँ…

दिखलाए खूबसूरत कल की
नटखट, मजेदार फिजाएँ
तोड़कर उलझी बेड़ियों को
इर्द-गिर्द इतराती कविताएँ…

सुनाए कोयल की कूक और
उपकारी वृक्ष पर लोटती लताएँ
दिखलाए खूबसूरत गौरैया को
इर्द-गिर्द इतराती कविताएँ…

दर्शन कराए वह देवालय का भी
जहाँ स्वीकृत हुई हमारी प्रार्थनाएँ
आलिंगन करती छँटे कुहासे को
इर्द-गिर्द इतराती कविताएँ…

जुड़कर दोनों एक-दूसरे से
भाव-भावनाएँ बन गए प्रेमिकाएँ
लेकर बाँहों की मछलियों को
इर्द-गिर्द इतराती कविताएँ…

कैसे करूँ मैं?

कम हो गया है
माधुर्य का बहाव
नहीं रख पाती
मैं सजगता
हिलने लगता है
भूलों और त्रुटियों पर
सुकून का आधार
घुटन सा लगता है
अनुपयुक्त वातावरण में रहना
आ रही है
गुणवत्ता में गिरावट...

कैसे करूँ मैं
सामना, इन चुनौतियों का
क्या हो पाऊँगी मैं सक्षम?
लगी हैं अनेक प्रश्नों की बौछार
ढीले पड़ गए हैं
भावनात्मक बंधन
कैसे दूँ उन्हें पोषण
हो रहा है बदलाव तेज़ी से
जीवन प्रणाली की प्रवृति में
उभर रहे हैं
पूरक भाव की जगह
विरोधी भाव...!

पहुँचना है उसे मंज़िल तक

उग आए हरे सपने
उसकी गुलाबी आँखों में
रंग-बिरंगी तितलियाँ
नाच रही है उपवन में...

छूना चाहती व्योम को
उसकी नन्ही-नन्ही बाँहें
मुट्ठी में भरकर बिछा देती
चाँदनी को अपनी राहें...

प्रेम गीत की धुन लेकर
नींद के भीतर छुपी मुस्कान
तूफानों से लड़कर उसने
तैयार किया संकल्पों का मैदान...

दिखाई अपनी क़ाबिलीयत
बढ़ी सारे आडंबर तोड़कर
पहुँचना है उसे मंजिल तक
साहस व निडरता के बल पर...

जिंदा करना चाहती वह
बेवक़्त दफनाए हुए ख्वाबों को
सृजन की प्रक्रिया रहेगी निरंतर
शांति मिल ना जाए, जब तक मन को...

वो क्या कहेंगे?

अजी! वो कहेंगे क्या
अपनी ही बजाते बांसुरी
दूसरे की सुनेंगे क्या...?

हेरा–फेरी की संभावना अपार
कुटिल मुस्कान, अधर सवार
आत्म प्रशंसा संग करते मनुहार...

कितनी मछलियों का किया शिकार
उजला कपड़ा, बढ़ाए मोंछ–दाढ़
अब बगुला भगत, बने सरकार...

चालाकी भरा इनका व्यवहार
छद्म विकास का करते सतत प्रचार
प्रपंच भरा, इनका जीवन तार...

करना पड़ेगा इनका विशेष उपचार
अपनी गलती नहीं करेंगे स्वीकार
मानिए इसको, एक व्यक्तिगत विकार...

बुद्ध

करुणा भरी आँखें
समाहित जिनके पावन हृदय में
साधुता की एक-एक बूँद
दिया संदेश जग को
है उत्तम सबसे
विजय स्वयं पर पाना!

मिला दिशा निर्देश
मानवता को बचने का
मिथ्या भाषण, चोरी, हत्या, मादक द्रव्य से
और रोकना यौन संबंधों में शोषण को
रखी इस तरह नींव
सहज नैतिकता की...

अनमोल वचन जिनके,
मत देना झूठ को प्रोत्साहन
रखना संबंध वफादारी से
बनना स्वावलंबी
जीना वर्त्तमान में
अर्जित करना संतोष धन!

पालो मत क्रोध को
होगी तुम्हारी ही क्षति
बनना सदैव स्वयं अपने दीप
रोशन करना दिल और दिमाग को
देखना हर चीजों को स्पष्ट रूप से

कुछ भी तो यहाँ स्थाई नहीं
मोह! दुखों की जड़
रहो दूर, बुरे कर्मों से
सेवा, दया और करुणा
मानवता के मूल मंत्र
बुद्धिमत्ता को करो एकत्र
मधुर वाणी ही श्रेय!

मत बनो बीमारी के सृजक
कर्त्तव्य आपका स्वस्थ रहना
मिल सके ताकि
मन मस्तिष्क को मजबूती
और ले सको तुम आनंद!

हर सुबह होता है नया जन्म हमारा
सुनो शांत होकर प्रकृति को
सबसे बड़ा शत्रु
आपके अपने विचारहीन विचार
करो दिमाग को प्रशिक्षित
बुद्ध, जागृति के प्रतीक!

बुद्धम् शरणम् गच्छामि!
धम्मम् शरणम् गच्छामि!
संघम् शरणम् गच्छामि!

ऊहापोह

झाँकती रही आसक्ति
नैनों में काजल लगाकर
समस्त सुंदर श्रृंगार कर
उफनता रहा मन
क्या सही, क्या ग़लत
क्या सहज, क्या असहज
समझ ना आया...?

कई प्रश्न है?
गाँठें पड़े हुए,
सिमटे हुए
टूटे हुए या
फिर बदले हुए
ऊहापोह की स्थिति
भीतर झर रही है...

हो रहा ज्यों उजागर
लोभ और मोह के रूप में
विवेक पर भारी हो रही
अध-कच्ची भावनाएँ
दिग्भ्रम या मंत्र मुग्ध
ज्यों पर्याय हो गये हों
सरल भी तो नहीं,
इस आसक्ति से दामन छुड़ाना...

कहाँ संभव हो पाता है
त्याग करना इच्छाओं का
मुश्किल लगता,
चाह रहित होना
भागते रहते हैं हम
मृग की तरह
गति कहें या अवरोध चिंतन का?

अपव्यय

बीते कल के मुकाबले
आज थोड़ा बेहतर जानने लगी
सच इस टेढ़ी-मेढ़ी हुई ज़िंदगी का
अक्सर हम व्यर्थ चीजों के पीछे
कर देते हैं अपव्यय
अपनी संचित ऊर्जा को ...

आ ही नहीं पाते हैं
चेतन रूप में
भौतिकता का स्तर
बड़ा रहता इतना
समझ ही नहीं पाते हैं
मूल बातें
अपने सार तत्व और प्रकृति को...

सक्रिय रहते हैं हम
सिर्फ वर्तमान के ऊपरी लेन-देनों में
अंतर्मन की व्यवस्था
रहती है अस्त-व्यस्त
बस यूँ ही जारी रहती यह प्रक्रिया
और नहीं मिल पाता है
भरपूर पोषण मानस को...

हमर मिसर जी

वोट देमय गेला, मिसर जी हम्मर
मुँह भरे खसला, देलकैन्ह चक्कर
मलिन भय गेल पहिरल, हुनकर अंगा
कहलियैन्ह नव सीया देब, आउ दरभंगा...

सबटा तामस झारि देलैन्ह हमरा पर
सारि छियैन्ह हम, छिरयेता ककरा पर?
बात-बातमे लगौता ओ अरंगा
सभ दिन बीतत हुनकर, करैत दंगा...

हमरो मिसर जी त' नहि छथि फक्कर
मुदा एगो लेमनचूसो लौता, सेहन्ता लागल तक्कर
टोपी त' पहिरता, ओ रंग-बिरंगा
कहता हाथ धो ली, बहैत अछि गंगा...

नैय ओ जुआरी आर नैय ओ पियक्कड़
एही बातक हुनका छैन्ह, बड़ अक्खर
भेटल जों दही-चूड़ा, मोन रहतैन्ह चंगा
पान चिबाबैथ बजता, हर-हर गंगा...

कुछ संवाद ख़ुद से

रहती हूँ अक्सर भीड़ में
फिर भी पाती हूँ
सबसे अलग ख़ुद को
अक्सर बल देती हूँ इस बात को
हो रही है जितनी भी समस्याएँ
निर्बलता और अज्ञानता के कारण...

असफलता से निकली निराशा
कर लेती है
कब्जा मस्तिष्क पर
और होने लगती है प्रभावित
हमारी जीवन गति ...

करनी होगी बेहतर कोशिश
उबरना होगा इन लम्हों से
बनाना होगा ख़ुद को
विपरीत परिस्थितियों के योग्य
तय करनी होगी प्राथमिकताएँ
खिलाना होगा प्रसन्नता सौंदर्य अपना...

होऊँ ना कभी
मूल्यांकन करने में असमर्थ
उतार-चढ़ाव तो नाम ही है जीवन का
बनना होगा सहज साधक
ताकि उदय हो सही से प्रीत का
और चिंतन क्रम हो सके उपजाऊ...

पीड़ा गाँव छोड़ने की

नई-नई रोशनियाँ आ रही है तुम्हें
फिर भी अपने कोने में
बसा रखे हो तुम
गाँव का विराट सौंदर्य
अतिक्रमण किया रहता है
तुम्हारे हृदय पर
बाँस की टोकरी, आम के टिकोरे
घोंसलों में लौटते हुए पंछी
खत्म होती शाम में
पुलों पर लगा हुआ
नौजवानों का मज़मा
खूब भाता है तुम्हें...

पीठ पर ज़िम्मेदारियों के बोझ से पड़े
नीले निशान लिए
रोज सैर करते हो उन गलियों में
उस गीत और धुन के साथ
जिसमें तूने जरा
अधूरी नींद और अधूरे सपने
विलाप करती हुई हथेलियों पर
देनी है तुम्हें तसल्ली की रेखाएँ
खोजनी है तुम्हें औषधि
ताकि मिल सके सांत्वना
उस पीड़ा को जिसको
तुमने वादा किया था
गाँव छोड़ने से पहले...

पूर्ण रूप से डूबे हुए हो तुम
उस गाँव के भीतर
शुभकामना है हमारी
संवेदना, विचार, हँसी,
हाव-भाव सारे के सारे
आ जाए उजालों में चलकर
तुम्हारे पास
ताकि तुम उसे चूम सको
सहला सको मन को
फिर लिख दूँ मैं एक कविता
जिसमें सजी होगी
तुम्हारे रस, तुम्हारे भाव
और तुम्हारा चाँद…

प्रचंड गर्मी-उफ़्फ़!

प्रचंड गर्मी से हाल–बेहाल
तापमान पहुँचा सीमायें तोड़
पंखे, कूलर हुए अप्रभावी
पसीने–देह का हुआ है जोड़…

दिखलाया अपना रौद्र रूप
जीना किया सबका मुहाल
दे रहा है, विनाश का संकेत
पारा बढ़ते जा रहा हर साल…

खानपान और रहन–सहन में
विशेष सावधानी की जरूरत
आइस पैक और ठंडा पानी से
लू लगने से मिल सकती राहत…

पतली हो गई ओजोन परत
मानव तुम कितने नासमझ
हर वर्ष एक पेड़ लगाना है
बनाओ इसे तुम अडिग लक्ष्य…

ग्लोबल वार्मिंग है बढ़ी हुई
असंतुलित दोहन है ज़िम्मेदार
मानव और प्रकृति का संबंध
देखो कैसा हुआ है तार-तार…

शातिरों से दूरी

जो समझता है
ग़लत आपको
वह समझेगा आपको
हरदम ग़लत ही
उसकी नजरों में आप हैं
बॉर्डर लाइन पर
इसलिए वह अपने
नजरिए की ही सुनेगा…

सोच लिया है उसने
किसी भी सूरत में
नहीं खोलनी है उसे
अपनी नजरपट्टी
सम्यक दृष्टिकोण
अपनाना ही नहीं है उसे
फिर जस का तस
देख कैसे पाएगा बातों को…

गिद्ध दृष्टि सदृश
पैनी नजर रखते हैं
ये हमेशा आप पर
ढूँढते हैं मसाले
और परोस देते हैं
हर वाक़्ये को
अपने लहज़े में
काफी चटक व मज़ेदार बनाकर…

नासूर हैं ये लोग
हो सके तो बनाए रखिए
ऐसे शातिरों से दूरी
मखमली कुंठाओं पर
बैठे रहते हैं जो
बड़े आराम से
निभाने को किरदार खलनायक का
आपकी सकारात्मकता में...

बँधे-बँधे से आँसू पुरुष के

ना जाने क्यों निषेध है
पुरुष के लिए रोना
रोना भी चाहे तो
रोक लग जाएगी
याद दिलाया जाएगा उसे
वह सामर्थ्यवान है,
बलशाली है,
वह स्त्री नहीं है, जो सरल है
वह भारी है ….वह भारी है!

वह लड़ता है युद्ध में
वह लड़ता है समाज से
मर्द है वह
और मर्द को दर्द नहीं होता
इस अलंकार से
उसे नवाजा गया है
उसे सीखना नहीं है
रोने की कला…

वह प्रकट नहीं कर सकता
अपना दुःख, अपना दर्द
पुरुष रोकता है
इन सबकी उगाही नहीं करता
उपयोग ही नहीं कर पाता
कभी भी अपने अश्रु ग्रंथियों को
कभी मौका ही नहीं मिला उसे

अपने बहते आँसुओं की
क्षमता को माप सकता...

पहना दी गई है
उसे अकड़ वाली टोपी
और सजा दिया गया है
कठोरता के आवरण से
बस यही तुम्हारा स्वभाव
है यही कहा-सुना वाक्यांश
मन और मस्तिष्क में होता रहता मंथन...

न जाने कितने पुरुषों के हृदय में
ज्वार-भाटा उफनता होगा
भीतरी घुटन से ना जाने कितने पुरुष
आत्महत्या को विवश हो रहे हैं
कब तक सामाजिक मानदंडों की
चुनौती को स्वीकारते रहेंगे
कब तक मर्दानगी की
व्यापकता की चादर फैलाए रहेंगे?

काश! वे भी खुलकर
आँसू बहाकर
अपनी भावनाओं को
प्रकट कर पाते
रो लेते भरपूर
स्त्रियों की तरह
और सहज महसूस करते
उसके बाद खुद को!

सावधान!

ऐसे भी लोग
पनप जाते हैं रिश्तेदारी में
जो बना देते हैं
अपने किताबी धार्मिक ज्ञान और
सतही आस्था को
ज़रिया ख़ुद को
औरों के नियंता बना देने का…

ऐसे आत्म मुग्ध प्राणी
खोजते रहते हैं अवसर
दूसरों की आपदा में
और करने लगते हैं
भ्रमित और भयभीत
अपने आसपास के लोगों को
उनके कमज़ोर क्षणों में…

फैलाते रहते हैं ये पाँव
निरंतर आपके भावनात्मक क्षेत्रों में
होते रहते हैं प्रकट
यह चालाकी भरे पैटर्नों में
और कर देते हैं धीरे-धीरे ब्लॉक
आपकी तर्कसंगतता को
रखकर संलग्न
अपने दुर्भावपूर्ण प्रलाप में
करते रहते हैं फ़िल्टर
आपकी मूल प्रवृति को …

फँस जाते हैं हम
और हो जाते हैं सीधे शिकार
अपनी जरूरतों और लक्ष्यों को
पूर्ति करने हेतु
कर लेते हैं स्वीकार
उस विजेता की अनुमति को
मानने लगते हैं आराध्य
उस झूठे भविष्य वक्ता को
और फिर चलने लगते हैं
उसी की पटरी पर
और आखिरकार होता है साबित यह
नुक़सानप्रद हमारे लिए...

सावधान! सावधान!
इन कुटिल बहुरूपियों से...

रोटी

रोटी!
महसूसती है परिणाम और दूरी
जानती है इंसानियत की अदालत
देखती हैं आँखों का दर्दनाक मंजर
समझती है चिकनी-चुपड़ी बातें...

रोटी!
करती है गोलियों का सामना
मिले इसके जीवन में कई प्रमाण
उड़ी है कालचक्र की आँधी में
सुनाती चुपचाप अपनी दास्तां...

रोटी!
अत्यंत प्रभावशाली माध्यम
है बेचैन आँखों का काजल
आरोग्य काया की अचूक दवा
अनमोल जीवन का सर्वोपरि धन...

रोटी!
आकांक्षाओं का कोमल पंख
मेहनत और लगन की कड़ी
महकती खुशबुओं की सौदागर
अधर मुस्कान की परिचित हेतु...

प्रेम

प्रेम!
हृदय का स्पंदन
आभामय भूमिका
आंतरिक भव्यता
तन-मन और आत्मा की शुद्धि
जीवन गुणवत्ता में करता वृद्धि…

प्रेम!
सुख की अनुभूति
जीवंतता का आह्वाहन
अखंड आनंद का स्रोत
आशातीत खूबसूरत सेज
अमर सुंदरता की दस्तावेज…

प्रेम!
ज्योतिर्मय पथ
मधुर नाद की शहनाई
अभिव्यक्ति का चित्रण
शक्ति और रूप का पहचान
असंभव है करना इसका बखान…

प्रेम!
सहज भावना ऊर्जा का रूप या
फिर कह लो ज्ञान प्रकाश
बोधमय जिसका रस्सा
चेतनता और जीवन्तता का किस्सा…

माँ

माँ!
हो तुम अभिलाषा की छाँव
सजाती हो महफ़िल ख़ुशबुओं की
तुम्हीं ने दिखलाया सकल जहान
डोर हो तुम अनुपम रिश्तों की…

माँ!
करती हो श्री गणेश मधुर मुस्कान से
देती हो दुलार बंद पलकों को अपना
सुमित सुगंध पसारे संसार तुम्हारा
दिखलाती हो निशिदिन स्वर्णिम सपना…

माँ!
आरज़ूओं का बाजूबंद बाँधकर
चित्त अशुद्धियों का करती अवनमन
नव पथ पर नव निर्माण करने वाली
बनती हो तुम उम्मीदों का उबटन…

माँ!
बहती आस सरिता अनवरत
कौतूहल के संग झूम-झूम
सिखलाती हो जीने का हुनर
मधुर ममता की हल्दी हो तुम…

माँ!
चढ़ते हुए प्रेम की सीढ़ी पर तूने

दिखलाया बुलंदियों का आसमान
शारीरिक और मानसिक प्रगति हेतु
करवाया हमें सक्रियता का व्यायाम...

संगीत

देव!
संगीत एक साधना
मुस्कुराता है यह
स्वरों के माध्यम से और
प्रकट होता सीधे हृदय में...

देव!
यह मुक्ति का मार्ग, जिसे
अपनाया था मीराबाई ने
संगीत को आराधना के रूप में
और जन्म दिया था भक्ति रस को...

देव!
छोड़ता यह गहरा प्रभाव
मन और मस्तिष्क पर
भाव विभोर कर देता और
निकल जाते आँसू नृत्य करते हुए...

देव!
अंतरंग की मधुर आवाज
बनता परिवर्तन का माध्यम
सृष्टि के कण-कण में व्याप्त
ओम की ध्वनि तक संगीतमय...

देव!
विवश तानसेन ने छेड़ा था राग दीपक

हुआ था ऊष्मा से प्रताड़ित गायक
मेघ-मल्हार से हुई वर्षा ने किया अभिशांत
संगीत में ऐसी अदभुत शक्ति...

प्रसन्नता

सुख व संतोष से जुड़ा हुआ
अनुभव कराता उत्साह का
एक सकारात्मक दृष्टिकोण
महत्त्वपूर्ण हिस्सा है उमंग का…

चेहरे पर पसार देती खुशी
है यही प्रसन्नता की पहचान
दिखाती उज्ज्वल पक्ष जीवन का
जन कल्याण में देती योगदान…

जीवन की गतिविधियों को
नकारात्मकता से मिलती मुक्ति
जटिल समस्याओं का होता समाधान
मिलती आनंदकारी संतुष्टि…

भाग्यवान! करो प्रसन्नता का
गर्म जोशी के साथ स्वागत
जगाओ और बढ़ाओ इसे
कुंठाग्रस्तता से मिलेगी राहत…

उफ़्फ़! यह गर्मी

हॉट डे व हीट वेव का हुआ रूप विकराल
AC की ठंडक में भी, गर्मी का एहसास
प्रचंड धूप ने किया सबका हाल-बेहाल
कितना भी ठंडा पिया जाए, ना बुझे प्यास…

ऊहापोह की स्थिति जन-जन की
ताना-बाना बिछाए, तन पर भारी पसीना
करना होगा सही प्रबंधन एवं उपचार
उपद्रव भरी स्थिति में है मुहाल जीना…

उफ़्फ़! घरों से निकलना भी हुआ दुश्वार
गर्म हवा और लू के थपेड़ों का मिज़ाज
झेला नहीं जाता सूर्य का प्रचंड प्रहार
ओह! वर्णन से परे तापमान का अंदाज…

पूरी दिनचर्या हो गई है अस्त-व्यस्त
हुआ इज़ाफा उल्टी, दस्त व सर दर्द में
लग रहा बरस रहे हैं आसमान से अंगारे
जबरदस्त गर्मी पर रही है अपने बिहार में…

पहुँच रहा शारीरिक और मानसिक आघात
चारों ओर हो रहा है इस विषय पर मंथन
हाहाकार मचा रही है ये भीषण तपती गर्मी
कब गिरेगा पारा और होगा समाप्त उत्पीड़न?

मैं और कृष्ण...

कल मैंने ज्यूँ
कृष्ण के समक्ष होकर
बहुत देर तक बातें की
मैंने दाग दिया था प्रश्न
क्या मैं ही बोलती रहूँगी या
तुम भी कहोगे कुछ?

जानती हूँ मैं
बुलवाते हो तुम दूसरों को
सुनते हो सबकी
पर अपनी सुनाते हो कहाँ?
हाँ! बस एक ही अपवाद
कुरुक्षेत्र में खुद
अकेले ही बोलते रहे
एक बार मेरे लिये भी
डायलॉग नहीं तो
गीता सा लंबा मोनोलॉग हो जाये...

माँ से सुना था
और मुझे भी लगता है
बात बनाने में माहिर है किसना
तुम्हारी बाल लीलाओं की
प्रशंसक जो ठहरी मैं
और संसारी हूँ ना
फिर यशोदानंदन की फैन
हाँ, मुझे तुमसे कहीं ज्यादा

अपनी माँ से सुने और
खुद अपनाए पर
भरोसा है रे छलिया!

कुछ देर स्तब्धता के बाद
मुझे लगा जैसे
मंद-मंद मुस्कुराये हो तुम
फिर मैंने दाग दिया एक और प्रश्न
क्यों मौन शिखर पर
रहते हो विराजमान…मोहन,
क्यों मुझे लगता है
जैसे तुम मेरी कभी सुनते ही नहीं
बस अपना ही कहते करते हो?
दो जवाब मुझे
अनगिनत चिंताओं में
उलझा है मन मेरा,
ऊपरी बातों को तो
महसूस कर लेती हूँ
परंतु भीतर रह जाता है
कुछ अधूरा…अधूरा!

प्रतीक्षा है बस प्रतीक्षा
जब मैं हो सकूँ अर्जुन
और तुम हो जाओ सारथी मेरे
जीवन के इस महासमर में…

कुचक्र और छुटकारा

देव!
विफलता के कारण
होता है आग़ाज़
झुंझलाहट का
और हो जाती है पैदा
घोर निराशा
भावनात्मक रूप से दुःखी वह
समझ नहीं पाता
इस कुंठाग्रस्तता को?

दिखता व्यवहार
क्रोध व नाराजगी के रूप में
आशानुरूप सफलता न मिलना
विलोप कर देता है
सकारात्मक नजरिये को
होने लगता है
अवसादग्रस्त धीरे-धीरे...

चलते रहती निरंतर
बेचैनी भीतर मन के
घुटन कुंठा की चरम अवस्था में
आने लगते हैं
आत्महत्या जैसे कुत्सित विचार
बढ़ जाती है प्रधानता
नकारात्मक विचारों की ...

कुंठा, जीवन का प्रबल शत्रु
कर देती है ह्रास प्रतिभा का
लेना होगा इसे गंभीरता से
छुटकारा पाने में
दिला सकते है सफलता
संगत, संतुलित खानपान
और भ्रामरी प्राणायाम…

नारी! तू क्यों हारी?

ए नारी, तू क्यों हारी?
विपुल सामर्थ्य तुझमें समाया है
सोचो, परखो एक बार तो
बुद्धि-विवेक तुमने पाया है...

अपमान के शब्दों से तेरा
स्वाभिमान नित्य पीड़ाया है
मन व्यथा बरबस क्यों बढ़ जाती?
साहस अकूत तो तुमने पाया है...

उद्विग्ध, अशांत हो क्यों घबराती?
अडिग विश्वास तुमने अपनाया है
करो तिरोहित क्षुब्द विचारों को
निर्णय पर भ्रम क्यों छाया है?

करुणा और प्रेम की सागर तू
अदभुत सौंदर्य तुमने पाया है
मन को दर्पण कहने वाली
ज्ञान-दीपक तूने जलाया है...

विषाद-मेधों से क्यों घबराना?
निर्माण ज़िम्मे तुम्हारे ही आया है
जगा दो अभिलाषा, जीने की मन में
जीवन स्वरूप, तूने ही समझाया है...

सावन की फुहार

मधुर गान संग, हरियाली आई हँसकर
सुनाई देने लगी, कोयल की पुकार
अंतर्मन में पल्लवित हो रहे हैं मनोभाव
नभ से भू पर आई, सावन की फुहार...

रंग–उमंग मौसम के महाराज का
प्रकृति की सौम्यता गा रही है मल्हार
आहा! खूबसूरत लम्हें को देखा हमने
डालियों पर उमंग के झूलों ने लाई बहार...

पुलकित हृदय खिल रहा ज्यों सौरव
मदमस्त बादल बरस रहे हैं बारंबार
सागर से गहरे प्रेम के सुखद एहसास
बिखरी तन–मन में खुशियों की बौछार...

हुई भेंट साज व आवाज के साथ
बेबुझी प्यास को मिल गया आधार
सज गया विपुल प्यार का गुलशन
बहिरंग से अंतरंग तक सजा संसार...

हर तरफ गूँज है सावनी हरियाली की
जुबाँ निगाहों की भी कह रही यह बात
फैली हरसू खुशबू इश्क़ के इत्र की
जुड़ने लगे अनवरत रंगीन ख़यालात...

माँ का पुत्र वियोग

पुत्र वियोग में तड़पती गांधारी
विलाप करती बोली कृष्ण से
माधव! तुम क्या जानो माँ की ममता?
क्या समझोगे पुत्र शोक की पीड़ा?
अरे! शोक-मोह से परे वासुदेव
पूछना कभी अपनी माँ देवकी से
कैसे कलेजे के टुकड़े की
करता था कंस निर्मम हत्या
कैसे होती थी व्यथित वह माँ विवश?

केशव! कैसे कह देते हो
भूत दुःख का कारण है?
स्वीकारो तुम वर्त्तमान को
ओ ज्ञानी! सहज नहीं है
त्याग कर देना मोह का
करती जा रही थी वह प्रश्न पर प्रश्न
रुँधे-रुँधे कंठ से
मात्र छः पुत्रों को खोया तुम्हारी माँ ने
और मैं खो चुकी शतक पुत्रों को
हे कृष्ण!!!!!

एक माता के लिए
सहज नहीं होता, खोना पुत्र का
चाहे वह लायक हो या नालायक
कहना आसान है
हे कृष्ण!

कभी देखना बनकर माँ
रह जाएगा धरा का धरा
सारा गीता सार तुम्हारा
टिक ना पाएगा तनिक भी
एक माँ की ममता के आगे
यह मोह है तो
क्यों रचना की तुमने
इस मोह भरे संसार की
हे गोविंद! नीरस है तुम्हारी बातें
लगता है निर्जीव मुझे, यह ज्ञान तुम्हारा!

ध्येय जीवन का

क्यों रखते हो जीभ पर तीखा जहर,
क्यों तंग है मन की यह गुफा अँधेरी
क्यों है ये तंज़ और ये तुनक मिजाजी,
क्यों डसते हो भलमनसाहत को तुम?

क्यों मारते हो हरदम डंक नफ़रत का,
क्यों लेते रहते हो स्वाद ईर्ष्या-द्वेष का,
क्यों भरे जाते हो विष-कोष्ठ स्वार्थ का,
क्यों कर रहे हो समापन माधुर्य का?

क्यों छुपाते हो चित में भाव अमर्यादित
क्यों खेलते हो आँख-मिचौनी बर्ताव में
क्यों सजाते रहते हो बाज़ार प्रवंचना का
क्यों बाँटते हो खोखले उपदेश व्यर्थ के?

क्यों बनाए हो साथी लोभ-मद-मोह को,
क्यों दौड़ाते हो घोड़े बेलगाम ज़ुबान के,
क्यों धधकती रहती कलह अन्तर्मन में,
क्यों नहीं है रोशन बाती विश्वास की?

खोल डालो सारी गाँठे ज़िंदगी की,
जगाओ मन में अभिलाषा जीने की,
अपनाओ ध्येय जीवन का सटीक,
करके तिरोहित सारी विषमताओं को ...

थाली संभावनाओं की

देव!
सूखा हो चला है अंतर्मन
तोड़कर
अपने हालातों को
ढूँढती हूँ
सीने के तहखाने में
युक्ति सहज मुक्ति पाने की…

अजीब उजाड़ सा है माहौल
कर रही है कुंठित
तृष्णाएँ मन की
सोच रही हूँ कब से,
कैसे मैं हटाऊँ
दुविधा लेप बेचारगी व पलायन का…

सोख लिए हैं
अनगिनत रंग एहसासों के
जिंदगी की कशमकश ने
चीर रही है सिमटती साँझ
मन के सुकोमल भावों को…

हो ना जाए आप्लवन आस्था का
तोड़ डालूँ उससे पूर्व संशय के कल्मष को
काश! सजा पाऊँ थाली संभावनाओं की
अपनी इन उदास आँखों में…

ॐ शांति! ॐ शांति!

कर्त्तव्यनिष्ठ व ईमानदार देवता
थे हमारे हाई स्कूल के हेड सर
स्व अस्तित्व की करो पहचान
कहा करते थे, वे हमसे अक्सर...

चले हार मुस्कानों का पहनकर
आँखें झलक रही आज बार-बार
साँसों की सरगम हो गई बंद
छोड़ चले वो, यह नश्वर संसार...

पवन हृदय के शंखनाद से
जोड़े ढाई अक्षर का प्रेम तार
दुनियावी परिभाषाओं से परे
स्नेह की पंखुड़ियाँ दिए पसार...

सिखलाए आत्मविश्वास संग
समर्पण का दीप जलाना
अपने चेतन प्रांगण में तुम
सार्थकता की नींव डालना....

बनना परिचायक उत्थान का
शक्तिरूप के तुम अवतार
मृदु भावों के धनी रहो तुम
आशीष, सजा रहे सुंदर संसार....

शोभित चंद्र का हुआ आज अंत
कैसे सहूँ यह विलाप, वेदना?
हे ईश्वर! अपने श्री चरणों में
महान आत्मा को सदगति देना....

शिव महिमा

अंतर्मन में विराजे देव
बोलो हर-हर महादेव !
शिव-शम्भू कैलाशपति
बारंबार नमन हे त्रिदेव…

भोले चरणों में सारा संसार
जानूँ महिमा तेरी अपरम्पार
हे त्रिनेत्रधारी ! हे औढरदानी
करते हो तुम सबका उद्धार…

संग रहते भूत-प्रेतों के दल
अमृत जल रखते कमंडल
शिवा प्रिय तुम हो प्रभु जी
भोला-भाला तेरा मुखमंडल…

सर पर लंबे-उलझे घुंघराले बाल
गौरा ब्याहने चले मतवाली चाल
बने आदियोगी शिव से नटराज
कालों के भी काल, महाकाल…

करते हो नंदी की सवारी
तू अनादि, तू अनंत त्रिपुरारी
सत्य पुंज के हो तो द्योतक
अर्ध चंद्रमा शोभे शुभ न्यारी…

शोभित कर त्रिशूल, जटा में गंगा

मंदिर गुंबज ऊपर लगा चोंगा
शहर से लेकर ग्राम्यांचलों तक
शिव सावन एक रंग दिखा रंगा...

विष प्याला पिये शंकर
हैं ये कालजयी अभ्यंकर
सर्वस्व हैं वो सर्वव्यापी
दुष्टों के संहारक, महा भयंकर...

जिंदगी से ज्योति चली गई

विधाता को यही मंजूर हुआ
माँ अब 'है' से 'थी' हो गई
बाल-बच्चे बिलख रहे ऐसे
कि जिंदगी से ज्योति चली गई...

चानन की तरह चमकता जो था
वह घर–अँगना सूना हो गया
समय की गाज ऐसी गिरी
कि जिंदगी से ज्योति चली गई...

कहा-सुना जितनी भी बातें हुई
अब वे ही सारे किस्से बन गए
चारों दिशा पसरा खालीपन ऐसा
कि जिंदगी से ज्योति चली गई...

सभी लोग थे निश्चिंत
सारे भार तुम पर छोड़कर
ऐसी उड़ी पंछी की तरह
कि जिंदगी से ज्योति चली गई...

माँ ज्योत्स्ना एक अनुपम छवि
अब एक फ्रेम में आ गई
अनमोल धड़कन का हुआ अवसान
कि जिंदगी से ज्योति चली गई....

है तू पहला शब्द

पवित्रता की मूरत
सौंदर्य की जीवंत दुनिया
श्रद्धा भाव की यूनिक डिग्रियाँ
संभव ही नहीं है
तुझे परिभाषित करना... माँ!

सफ़र की मंजिल
चेतना का सहज रूप
जिंदगी का अल्प विराम
चोट पर ममता की हल्दी
बन जाती प्रेम में डूबी हुई ...माँ!

है तू पहला शब्द
पेट की भूख
सपनों का आकार
हवा–पानी–मिट्टी से लड़ती हुई
कोमल कोपलों के संग उग जाती... माँ!

मेहनतकशी का रंग
नींद के भीतर मुस्कान
नीले–पीले सपनों का बागान
गुलाबी स्पर्श त्वचा पर
खून–पसीने से शिशु की देखभाल करती... माँ!

अमर सुहागन

अमर सुहागन मेरी माँ!
संसार छोड़ने के पहले
तूने रचा ली थी हाथों में मेहंदी
करके अंकित 'राम'
अपनी हथेली में
मिथिला की बेटी जो थी तू,
कहा था तुमने
बहुत पसंद है मेहंदी
मेरे राम को (मेरे पापा),
प्रेम के अनुबंध के संग
तुम्हारा भाव समर्पण
बढ़ा रहा था सौंदर्य
रची मेहंदी का, विनोद की लहर थी
तुम्हारे हृदय में
मुख पर था अति सुखद एहसास,
लिए जा रही थी तुम
अपने हिस्से की साँसें
लिपटी थी जिनमें
महक मेहंदी की
मीठी–मीठी मनोरम सी,
गुनगुना रही थी तुम गीत मधुर
चमक रही थी
बिंदी तुम्हारे भाल की,
किन सोचों को जी रही थी तू
मंद–मंद मुस्कान संग?
माँ,,,,,,, मेरी माँ!

अवलोकन

कर्त्तव्य ऊर्जा के साथ
खिड़की के पास खड़ी होकर
देख रही है स्त्री!
प्रकृति को ...अस्तित्व को
सर्दी-गर्मी और प्रकाश को
और भर रही है
मुट्ठी भर प्रेम के अक्षत
ताकि बाँट सके रचनात्मकता का बोध ....

अवलोकन करने हेतु
देखती है अंतर्मन को ध्यान से
भर लेती है अमृत कलश भीतर अपने
सोचती है स्त्री!
कर्म क्षेत्र को बढ़ाते हुए
करुणा के स्पर्श से
मिटाऊँगी परहित दु:ख-संताप ....

जानती है स्त्री!
बड़ी विषमता भर आई है
निर्मल प्रकृति में
अभय अस्तित्व में
निज भावों की परछाई में,
बुद्धि-विद्या-विवेक से
करेगी परिपूर्ण आँगन को
करेगी जागृत दृढ़ आशा
सुनहरे कल के सपनों की ....

प्रतीक्षा

देव!
क्यों चुभती रहती है बेचैनी
नुकीले काँटों सी?
क्यों घबरा जाता है मन
दुःख के उजाड़ में?
क्यों क्षीण हो जाती है
सहनशक्ति?
क्यों पीने लगती हूँ बरबस
घूँट कड़वाहट के?

क्यों मुलाकात होती है
इंसान के वेश में शैतानों से?
क्यों खलने लगती हैं चुप्पी
किसी भरोसेमंद की?
क्यों मिलती है दुत्कार
बदले में प्यार के?
क्यों सहने पड़ते हैं
अभिशाप?

क्यों खो जाता है
विश्वास?
क्यों छा जाता है चहुँओर
संध्या का अंधेरा
चुपके से?
क्यों कमी है एहसासों की
इस अंधी भागदौड़ की

जिंदगी में?

देव!
क्यों रहती है प्रतीक्षा
किसी की
जो देख समझ सके बातों को
जस की तस
और बता सके अपना मंतव्य
बिना किसी लाग-लपेट के...